FIM DOS TEMPOS

Baseado nos Escritos do Espírito de Profecia

Leandro Bertoldo

Dedico este livro aos meus pais na fé em Cristo,

Valdir Gonçalves Xavier e
Célia Regina de Souza Xavier

"À medida que nos aproximamos do termo da história deste mundo, as profecias referentes aos últimos dias exigem nosso estudo especial. O último dos escritos do Novo Testamento está cheio de verdades cuja compreensão nos é necessária" (Parábolas de Jesus, 133).

Ellen Gould White
**Escritora, conferencista, conselheira,
e educadora norte-americana.
(1827-1915)**

Sumário

Dados biográficos

Meu nome é Leandro Bertoldo. Nasci no bairro do Belenzinho na cidade de São Paulo – SP. Sou o primeiro filho do casal José Bertoldo Sobrinho e Anita Leandro Bezerra. Meu irmão Francisco Leandro Bertoldo exerce a função de Oficial de Justiça.

Fiz as faculdades de Física (1980) e de Direito (2000) na Universidade de Mogi das Cruzes – UMC. Meu interesse pela área de exatas vem desde os meus 17 anos, quando comecei a escrever algumas teses originais sobre temas científicos, os quais dei a conhecer ao meu professor de Física "Benê". Em 1995, publiquei o meu primeiro livro de Física, que foi um grande sucesso entre muitos professores universitários. Meu comprometimento com o Direito é resultado das minhas atividades junto ao Tribunal de Justiça do Estado de São Paulo.

Em 1986, orientado pela colega de trabalho Célia Regina de Souza Xavier, converti-me ao cristianismo. Meus primeiros estudos doutrinários foram ministrados pelo professor Valdir Gonçalves Xavier. Seis meses depois, passei a estudar na Classe Bíblica com o eminente professor Pedro B'ärg. Tempos depois comecei a ministrar estudos bíblicos nos lares de diversos interessados.

Anos depois, ao assumir a direção da Classe Pré-batismal, tive grande êxito em levar algumas almas sinceras ao santo batismo. Porém, a minha maior atividade tem sido realizada na Classe Pós-batismal, onde tenho preparado novos lideres para trabalharem nos departamentos da igreja e na obra evangelística voluntária.

Sou casado com Daisy Menezes Bertoldo, funcionária do Tribunal de Justiça do Estado de São Paulo. Minha filha

Beatriz Maciel Bertoldo, fruto do meu primeiro casamento com Francineide Maciel, é advogada na Comarca de Mogi das Cruzes. Muitas das minhas distrações e alegrias foram proporcionadas pelos meus maravilhosos cachorros: Fofa, Pitucha, Calma e Mimo.

Até o presente momento publiquei 63 livros, abrangendo pesquisas nas áreas da Física, Matemática, Química, Teologia e Poesia. Sendo 26 em Física; 3 em Matemática; 2 em Química; 6 em Literatura e 26 em Teologia.

Nos meus livros de exatas defendo teses originais em Física, Matemática e Química, destacando-se: "Teoria Matemática e Mecânica do Dinamismo" (2002); "Teses da Física Clássica e Moderna" (2003); "Cálculo Seguimental" (2005); "Artigos Matemáticos" (2006) e "Geometria Leandroniana" (2007).

Em teologia, destacam-se os livros: "Estudos Bíblicos Avançados" (2006); "Exercícios de Estudos Bíblicos" (2008); "Profecias Sobre o Tempo do Fim" (2009); "A Lei, o Sábado e o Domingo" (2010) e "Perguntas e Respostas" (2011).

A partir de março de 2012, atendendo ao amável convite do missionário voluntário "Edson Felix" – pioneiro na fundação de igrejas – tive o privilégio de realizar aos domingos dois seminários bíblicos sobre Profecias e Doutrinas Bíblicas.

Visando preparar-me melhor para servir a Deus em minha denominação religiosa, em 2013-2014 venho cursando o EREM - Estudos em Religião e Escola Missionária, coordenada pelo Pr. Luiz Henrique Sena.

No decorrer dos anos tenho sido eleito pela comissão da igreja para assumir diversos cargos. Fui Secretário do Ministério Pessoal, Tesoureiro, Professor da Escola Sabatina, Promotor de Literatura, Professor da Classe de Visitas, Ancião. Atualmente, sou Coordenador de Classe Bíblica, sendo que esta última atividade vem me proporcionando grande satisfação.

Prefácio

Esta obra vem a lume visando ajudar os interessados a terem uma maior compreensão sobre os acontecimentos ligados ao final do tempo da graça. Ela é composta por 69 capítulos que tratam das profecias relacionadas ao fim dos tempos, sendo que cada capítulo encontra-se estruturado em 12 trechos especialmente selecionados dos escritos que compõem o "Espírito de Profecia", dada à igreja remanescente para orientá-la em sua vitoriosa jornada pelo mundo nestes últimos dias.

Cada passagem selecionada dos escritos do Espírito de Profecia está acompanhada por uma pergunta diretiva, cuja resposta encontra-se no bojo da própria passagem, e que foi caracterizada pelo autor em itálico.

Esta obra considera temas de suma importância, tais como A Besta, A Besta de Dois Chifres, A Imagem da Besta, O Sinal da Besta, O Selo de Deus, A Mensagem do Terceiro Anjo, Os Quatro Anjos, A Obra de Selamento, A Chuva Serôdia, A Terra Iluminada, Decreto Dominical, Decreto de Morte, O Tempo de Angústia, A Ressurreição Especial etc.

Ninguém pode fazer parte do verdadeiro povo de Deus se não tem em sua confissão de fé os Mandamentos de Deus e o Espírito de Profecia. Portanto, o autor espera de coração que esta obra possa ofertar ao leitor uma maior compreensão e convicção a respeito das verdades que em breve devem abalar o mundo.

leandrobertoldo@ig.com.br

1
Uma Crise Vindoura

INTRODUÇÃO

1. O que acontecem com aqueles que agem segundo sua fé?

"Deus sempre tem dado aos homens advertência dos juízos por vir. Aqueles que tiveram fé na mensagem por Ele enviada por seu tempo, e agiram segundo sua fé, em obediência aos Seus mandamentos, escaparam aos juízos que caíram sobre os desobedientes e incrédulos." (O Desejado de Todas as Nações, 634).

2. Que avisos estão sendo dados?

"Assim agora estamos dando aviso da segunda vinda de Cristo e da destruição impendente sobre o mundo. Os que ouvirem a advertência serão salvos". (O Desejado de Todas as Nações, 634).

O MUNDO VAI DE MAL A PIOR

3. O que estão se arregimentado para a última crise?

"As forças do mal estão se arregimentando e consolidando-se. Elas se estão robustecendo para a última grande crise. Grandes mudanças estão prestes a operar-se no mundo, e os acontecimentos finais serão rápidos." (III Testemunhos Seletos, 280).

4. Como está o mundo?

"A transgressão já atingiu quase seus limites. O mundo está cheio de confusão, e em breve apoderar-se-á das criaturas humanas um grande terror. O fim está muito próximo" (Serviço Cristão, 51).

5. O que terá atingido seu limite?

"A perversidade e crueldade dos homens alcançarão tal atitude que Deus se revelará em sua majestade. Muito em breve a impiedade do mundo terá atingido seu limite e, como nos dias de Noé, Deus derramará os seus juízos." (OPA, 328).

6. O que está se tornando cada vez mais iníquo?

"O mundo está se tornando cada vez mais iníquo. Em breve surgirá grande perturbação entre as nações – perturbação que não cessará até que Jesus venha." (Review and Herald, 11/02/1904).

FENÔMENOS NATURAIS

7. O que se seguirão uns aos outros em rápida sucessão?

"Estamos no limiar da crise dos séculos. Em rápida sucessão os juízos de Deus se seguirão uns aos outros – fogo, inundações e terremotos, com guerras e derramamento de sangue." (Profetas e Reis, 278).

8. O que transporão seus limites?

"Nas últimas cenas da história terrestre, grassará a guerra. Haverá epidemias, pragas e fomes. As águas do oceano transporão seus limites. Propriedades e vidas serão destruídas pelo fogo e por inundações." (Maranata! Meditação Matinal, 172).

9. O que está sendo exercido atualmente?

"As fomes aumentarão. Epidemias arrebatarão milhares de vidas. Perigos provenientes dos poderes de fora e de atuações satânicas por dentro estão por toda parte ao nosso redor, mas o poder moderador de Deus está sendo exercido atualmente." (XIX Manuscript Releases, 382).

10. Até quando o tempo durará um pouco mais?

"O tempo durará um pouco mais até que os habitantes da Terra tenham enchido a medida de sua iniqüidade, e então a ira de Deus, que por tanto tempo tem estado dormitando, se despertará." (I Testemunhos Para a Igreja, 363).

CONCLUSÃO

11. O que muitos não compreendem?

"Muitos há que não compreendem as profecias referentes aos nossos dias, e precisam ser esclarecidos. É dever, tanto do vigia como do leigo, dar à trombeta sonido certo." (Evangelismo, 194).

12. O que multidões não possuem?

"Os acontecimentos ligados ao final do tempo da graça e obra de preparo para o período de angústia, acham-se claramente apresentados. Multidões, porém, não possuem maior compreensão destas importantes verdades do que teriam se nunca houvessem sido reveladas." (O Grande Conflito, 594).

2
A Besta

INTRODUÇÃO

1. O que representa o símbolo da besta semelhante ao leopardo?

"No capítulo 13:1-10 [Apocalipse], descreve-se a besta 'semelhante ao leopardo', à qual o dragão deu 'o seu poder, o seu trono, e grande poderio'. Este símbolo, como a maioria dos protestantes tem crido, representa o papado, que se sucedeu no poder, trono e poderio uma vez mantidos pelo antigo Império Romano." (O Grande Conflito, 439).

2. Por qual besta a Igreja de Roma é representada?

"Pela primeira besta é representada a Igreja de Roma, uma organização eclesiástica revestida de poder civil, tendo autoridade para punir todos os dissidentes." (História da Redenção, 381).

ORIGEM DA BESTA

3. O que a apostasia da Igreja Primitiva preparou?

"Foi a apostasia que levou a igreja primitiva a procurar o auxílio do governo civil, e isto preparou o caminho para o desenvolvimento do papado - a besta." (O Grande Conflito, 443).

4. Quem cedeu o seu lugar ao papado?

"O paganismo cedera lugar ao papado. O dragão dera à besta 'o seu poder, e o seu trono e grande poderio'. Apocalipse 13:2. E começaram então os 1260 anos de opressão papal preditos nas profecias de Daniel (Daniel 7:25) e João (Apocalipse 13:5-7). Os cristãos foram obrigados a optar entre renunciar a sua integridade e aceitar as cerimônias e cultos papais, ou passar a vida nas masmorras, sofrer a morte pelo instrumento de tortura, pela fogueira, ou pela machadinha do verdugo." (História da Redenção, 331).

A BESTA NOVAMENTE RECEBERÁ PODER

5. O que os viventes na Terra oferecem à besta?

"João, no Apocalipse, escreve sobre a união dos que vivem na Terra para invalidar a lei de Deus. 'Têm estes um só pensamento e oferecem à besta o poder e a autoridade que possuem. Pelejarão eles contra o Cordeiro, e o Cordeiro os vencerá, pois é o Senhor dos senhores e o Rei dos reis; vencerão também os chamados, eleitos e fiéis que se acham com Ele' Apocalipse 17:13-14." (III Mensagens Escolhidas, 423).

6. Quando a besta receber o poder o que haverá?

"'Têm estes um só pensamento'. Haverá um laço de união universal, uma grande harmonia, uma confederação das forças de Satanás. 'E oferecem à besta o poder e a autoridade que possuem'. Assim é manifestado o mesmo poder arbitrário e opressivo contra a liberdade religiosa, liberdade de adorar a Deus segundo os ditames da consciência, que foi manifestado pelo papado, quando no passado ele perseguiu os que ousaram recusar conformar-se com os ritos e cerimônias religiosas do romanismo." (Maranata! Meditação Matinal, 185).

7. Entre o que é o grande conflito?

"É aqui que está a linha divisória entre os que adoram a Deus e os que adoram a besta e recebem seu sinal. O grande conflito é entre os mandamentos de Deus e as exigências da besta. E porque os santos guardam todos os mandamentos de Deus, que o dragão lhes move guerra." (A Igreja Remanescente, 65).

8. Que laço haverá e o que é oferecido à besta?

"João, o Revelador, declara o seguinte sobre esse tempo: 'Têm estes um só pensamento' (Apocalipse 18:3-7; 17:13 e 14.) Haverá um laço de união universal, uma grande harmonia, uma confederação de forças satânicas. 'E oferecem à besta o poder e a autoridade que possuem.' Assim é manifestado o mesmo poder arbitrário e opressor contra a liberdade religiosa, contra a liberdade de adorar a Deus de acordo com os ditames da consciência, que foi manifestado pelo papado, quando no passado ele perseguiu os que ousaram recusar conformar-se aos ritos e cerimônias religiosas dos romanistas." (Eventos Finais, 137).

9. Quem tem seguido o exemplo de Roma?

"Muitas das igrejas protestantes estão seguindo o exemplo de Roma na iníqua aliança com os 'reis da Terra': igrejas do Estado, mediante suas relações com os governos seculares; e outras denominações, pela procura do favor do mundo." (O Grande Conflito, 383).

CONCLUSÃO

10. Quem tem seguido após a besta?

"A nação inteira tem seguido após a besta, e cada semana rouba a Deus de Seu santo tempo. Fez-se uma brecha na santa lei de Deus, mas vi que havia chegado o tempo para o povo de Deus fechar essa brecha e edificar os lugares assolados." (Primeiros Escritos, 65).

11. O que será ouvido nas populosas cidades da Terra?

"Nas populosas cidades da Terra, e nos lugares onde os homens têm ido mais longe em falar contra o Altíssimo, a voz de severa repreensão será ouvida. Corajosamente, homens indicados por Deus denunciarão a união da igreja com o mundo. Com fervor chamarão a homens e mulheres para que voltem da observância de uma instituição de feitura humana para a guarda do verdadeiro sábado." (Profetas e Reis, 187).

12. No que a Igreja de Deus estava empenhada?

"Viu a igreja empenhada num conflito moral com a besta e sua imagem, e a adoração dessa besta imposta sob pena de morte. Mas, olhando através do fumo e ruído da batalha, notou sobre o monte Sião, unido ao Cordeiro, um grupo que, em vez do sinal da besta, 'em suas testas tinham escrito o nome de Seu Pai'. Apocalipse 14:1. Depois viu o número dos que saíram vitoriosos da besta, e da sua imagem, e do seu sinal, e do número do seu nome, que estavam junto ao mar de vidro, e tinham as harpas de Deus. E cantavam o cântico de Moisés, servo de Deus, e o cântico do Cordeiro." (II Testemunhos Seletos, 351).

3

Roma Papal

INTRODUÇÃO

1. Em que século o papado tornou-se firmemente estabelecido?

"No sexto século tornou-se o papado firmemente estabelecido. Fixou-se a sede de seu poderio na cidade imperial e declarou-se ser o bispo de Roma a cabeça de toda a igreja." (História da Redenção, 331).

2. O que cederá lugar ao papado?

"O paganismo cedera lugar ao papado. O dragão dera à besta 'o seu poder, e o seu trono e grande poderio' Apocalipse 13:2. E começaram então os 1260 anos de opressão papal preditos nas profecias de Daniel (Daniel 7:25) e João (Apocalipse 13:5-7)." (História da Redenção, 331).

3. O que assinalou o início da Idade Média?

"O acesso da igreja de Roma ao poder assinalou o início da escura Idade Média. Aumentando o seu poderio, mais se adensavam as trevas. De Cristo, o verdadeiro fundamento, transferiu-se a fé para o papa de Roma. Em vez de confiar no Filho de Deus para o perdão dos pecados e para a salvação eterna, o povo olhava para o papa e para os sacerdotes e prelados a quem delegava autoridade." (História da Redenção, 331).

ORIGENS DAS HERESIAS

4. Que ensinos dos pais da igreja haviam influenciado a igreja

"Mesmo antes do estabelecimento do papado, os ensinos dos filósofos pagãos haviam recebido atenção e exercido influência na igreja. Muitos que se diziam conversos ainda se apegavam aos dogmas de sua filosofia pagã, e não somente continuaram no estudo desta, mas encareciam-no a outros, como meio de estenderem sua influência entre os pagãos. Erros graves foram assim introduzidos na fé cristã. Destaca-se entre outros o da crença na imortalidade natural do homem e sua consciência na morte. Esta doutrina lançou o fundamento sobre o qual Roma estabeleceu a invocação dos santos e a adoração da Virgem Maria. Disto também proveio a heresia do tormento eterno para os que morrem impenitentes, a qual logo de início se incorporara à fé papal." (História da Redenção, 333).

5. Que Igreja mudou os tempos e a lei?

"O profeta Daniel declarou que a Igreja de Roma, simbolizada pela ponta pequena, pensaria em mudar os tempos e a lei (Daniel 7:25), enquanto Paulo a intitulou de homem do pecado (II Tessalonicenses 2:3-4), que se exaltaria acima de Deus. Unicamente mudando a lei de Deus poderia o papado exaltar-se acima dEle." (História da Redenção, 382).

6. Que dia as igrejas foram compelidas a honrar?

"Entre as principais causas que levaram a igreja verdadeira a separar-se da de Roma, estava o ódio desta ao sábado bíblico. Conforme fora predito pela profecia, o poder papal lançou a verdade por terra. A lei de Deus foi lançada ao pó, enquanto se exaltavam as tradições e costumes dos homens. As igrejas que estavam sob o governo do papado, foram logo compelidas a honrar o domingo como dia santo." (O Grande Conflito, 65).

7. Qual é o sinal da autoridade da Igreja Romana?

"A mudança do sábado é um sinal ou marca da autoridade da Igreja Romana. Os que, compreendendo os reclamos do quarto mandamento, preferem observar o falso dia de repouso em lugar do verdadeiro, estão com isso prestando homenagem à única autoridade que o ordena. O sinal da besta é o dia de repouso papal, aceito pelo mundo em substituição ao dia designado por Deus." (Evangelismo, 234).

FUTURA EXALTAÇÃO DO DOMINGO

8. Qual é o sinal de fidelidade para com Roma?

"Ao rejeitarem os homens a instituição que Deus declarou ser o sinal de Sua autoridade, e honrarem em seu lugar a que Roma escolheu como sinal de sua supremacia, aceitarão, de fato, o sinal de fidelidade para com Roma 'o sinal da besta'." (O Grande Conflito, 449).

9. Os protestantes estão seguindo as pegadas de quem?

"No movimento ora em ação nos Estados Unidos a fim de conseguir para as instituições e usos da igreja o apoio do Estado, os protestantes estão a seguir as pegadas dos romanistas. Na verdade, mais que isto, estão abrindo a porta para o papado a fim de adquirir na América do Norte protestante a supremacia que perdeu no Velho Mundo." (Eventos Finais, 132).

10. Como os protestantes estão agindo?

"Eles estão agindo como cegos. Não veem que se um governo protestante abandona os princípios que deles fizeram uma nação livre e independente, e, pela legislação, introduz na

Constituição princípios que propaguem a falsidade e ilusão papal, eles estão se lançando nos horrores romanos da Idade Média." (Review and Herald Extra, 11 de dezembro de 1888).

CONCLUSÃO

11. Que fé corrompida será dada vida e vigor?

"Quando essa terra, por meio de seus legisladores, renunciar aos princípios do protestantismo e der apoio à apostasia papal, falsificando a lei de Deus - então é que será revelada a obra final do homem do pecado. Os protestantes lançarão toda a sua influência e poder ao lado do papado, por um ato nacional impondo o falso sábado, eles darão vida e vigor à corrompida fé de Roma, avivando sua tirania e opressão da consciência." (Maranata! Meditação Matinal, 177).

12. O que seremos forçados a buscar?

"Não vem muito distante o tempo em que, como os antigos discípulos, seremos forçados a buscar refúgio em lugares desolados e solitários. Como o cerco de Jerusalém pelos exércitos romanos era o sinal de fuga para os cristãos judeus, assim o arrogar-se nossa nação o poder no decreto que torna obrigatório o dia de repouso papal será uma advertência para nós. Será então tempo de deixar as grandes cidades, passo preparatório ao sair das menores para lares retirados em lugares solitários entre as montanhas." (II Testemunhos Seletos, 166).

4

O Papado

INTRODUÇÃO

1. Quando a Igreja perdeu o Espírito e o Poder de Deus?

"Quando se corrompeu a primitiva igreja, afastando-se da simplicidade do evangelho e aceitando ritos e costumes pagãos, perdeu o Espírito e o poder de Deus; e, para que pudesse governar a consciência do povo, procurou apoio do poder secular. Disso resultou o papado, uma igreja que dirigia o poder do Estado e o empregava para favorecer aos seus próprios fins, especialmente na punição da heresia." (Eventos Finais, 228).

2. Pelo poder papal o que as pessoas não têm o direito de interpretar?

"Sabeis como é com o poder papal. As pessoas não têm o direito de interpretar as Escrituras por si mesmas. Precisam de que alguma outra pessoa interprete as Escrituras para elas. Não tendes uma mente? Não tendes a faculdade do raciocínio? Deus não concedeu discernimento ao povo comum, assim como aos sacerdotes e maiorais? Quando Cristo, o Senhor da vida e glória, veio ao nosso mundo, se eles O tivessem conhecido, jamais O teriam crucificado. Deus recomendou que examinassem as Escrituras: 'Porque vós cuidais ter nelas a vida eterna, e são elas que de Mim testificam.' João 5:39." (Fé e Obras, 77).

A APOSTASIA É PROFETIZADA

3. O que resultaria no estabelecimento do poder papal?

"O apóstolo Paulo, em sua segunda carta aos tessalonicenses, predisse a grande apostasia que resultaria no estabelecimento do poder papal. Declarou que o dia de Cristo não viria "sem que antes venha a apostasia, e se manifeste o homem do pecado, o filho da perdição; o qual se opõe e se levanta contra tudo o que se chama Deus, ou se adora; de sorte que se assentará, como Deus, no templo de Deus, querendo parecer". II Tess. 2:3 e 4. E, ainda mais, o apóstolo adverte os irmãos de que "o mistério da injustiça opera." II Tess. 2: 7. Mesmo naqueles primeiros tempos viu ele, insinuando-se na igreja, erros que preparariam o caminho para o desenvolvimento do papado." (História da Redenção, 326).

4. Na Bíblia Sagrada que nome representa o papado?

"O apóstolo Paulo advertiu a igreja a não esperar a vinda de Cristo em seu tempo. 'Porque não será assim', diz ele, 'sem que antes venha a apostasia, e se manifeste o homem do pecado.' II Tessalonicenses 2:3. Não poderemos esperar pelo advento de nosso Senhor senão depois da grande apostasia e do longo período do domínio do 'homem do pecado'. Este 'homem do pecado', que também é denominado 'mistério da injustiça', 'filho da perdição', e 'o iníquo', representa o papado." (O Grande Conflito, 356).

O PAPADO READQUIRIRÁ SEU ANTIGO PODER

5. Quem deverá readquirir a sua supremacia perdida?

"Eis que a grande crise vem sobre o mundo. As Escrituras ensinam que o papado deverá readquirir sua supremacia perdida, e que os fogos da perseguição serão reatados por meio das concessões oportunistas do chamado mundo protestante." (II Mensagens Escolhidas, 367).

6. Que cenas de outros tempos se hão de repetir?

"Por todo o país a igreja papal está elevando seus gigantescos e maciços edifícios em cujos recessos se hão de repetir as cenas de perseguição de outros tempos. O caminho está sendo aparelhado em proporções vastas para a manifestação dos prodígios de mentira, mediante os quais Satanás pretende enganar, se for possível, até os escolhidos." (II Testemunhos Seletos, 149).

7. O que os defensores do papado afirmam?

"Os defensores do papado afirmaram que a igreja foi caluniada; e o mundo protestante inclina-se a aceitar esta declaração. Muitos insistem em que é injusto julgar a igreja de hoje pelas abominações e absurdos que assinalaram seu domínio durante os séculos de ignorância e trevas. Desculpam sua horrível crueldade como sendo o resultado da barbárie dos tempos, e alegam que a influência da civilização moderna lhe mudou os sentimentos." (O Grande Conflito, 563).

8. O que ainda será demonstrado?

"É evidente que uma época de grandes trevas intelectuais tem sido favorável ao êxito do papado. Ainda será demonstrado que uma época de grande luz intelectual também é favorável ao seu êxito." (Eventos Finais, 132).

IMPOSIÇÃO DA OBSERVÂNCIA DO DOMINGO

9. O que será tornado obrigatório?

"Quando as igrejas protestantes se unirem com o poder secular para amparar uma religião falsa, à qual se opuseram os seus antepassados, sofrendo com isso a mais terrível perseguição, então o dia de repouso papal será tornado obrigatório pela autoridade combinada da Igreja e do Estado." (Manuscrito 51, 1899).

10. O que ocasionarão uma apostasia nacional?

"Leis impondo a observância do domingo como o sábado ocasionarão uma apostasia nacional dos princípios do republicanismo em que se baseia o governo. A religião do papado será aceita pelos governantes, e será invalidada a lei de Deus." (VII Manuscript Releases, 192).

CONCLUSÃO

11. De quem o domingo é filho?

"A lei da observância do primeiro dia da semana é produto de uma cristandade apóstata. O domingo é filho do papado, exaltado pelo mundo cristão acima do sagrado dia de repouso de Deus." (III Testemunhos Seletos, 397).

12. Ao que o mundo será induzido?

"Quando a América, o país da liberdade religiosa, se aliar com o papado, a fim de dominar as consciências e impelir os homens a reverenciar o falso sábado, os povos de todos os demais países do mundo hão de ser induzidos a imitar-lhe o exemplo." (II Testemunhos Seletos, 373).

5

A Besta de Dois Chifres

INTRODUÇÃO

1. De que tipo de território surgiria a besta de chifres semelhantes aos do cordeiro?

"Mas a besta de chifres semelhantes aos do cordeiro foi vista a 'subir da terra'. Em vez de subverter outras potências para estabelecer-se, a nação assim representada deve surgir em território anteriormente desocupado, crescendo gradual e pacificamente. Não poderia, pois, surgir entre as nacionalidades populosas e agitadas do Velho Mundo - esse mar turbulento de 'povos, e multidões, e nações, e línguas'." (O Grande Conflito, 440).

2. Que nação satisfaz as especificações da profecia?

"Que nação do Novo Mundo se achava em 1798 ascendendo ao poder, apresentando indícios de força e grandeza, e atraindo a atenção do mundo? A aplicação do símbolo não admite dúvidas. Uma nação, e apenas uma, satisfaz às especificações desta profecia; esta aponta insofismavelmente para os Estados Unidos da América do Norte." (O Grande Conflito, 440).

3. Que nação é representada pela besta de chifres semelhantes aos do cordeiro?

"Mostrou-se que os Estados Unidos são o poder representado pela besta de chifres semelhantes aos do cordeiro, e que esta profecia se cumprirá quando aquela nação impuser a observância do domingo, que Roma alega ser um reconhecimento especial de sua supremacia." (O Grande Conflito, 579).

OS DOIS CHIFRES E FALA DE DRAGÃO

4. O que representam os dois chifres semelhantes aos de um cordeiro?

"Aqui está uma impressionante figura da elevação e crescimento de nossa própria nação [Estados Unidos]. E os chifres semelhantes aos de um cordeiro, emblemas de inocência e brandura, representam corretamente o caráter de nosso governo, segundo é expresso em seus dois princípios fundamentais: republicanismo e protestantismo." (IV Spirit of Prophecy, 277).

5. Com que espírito os homens falam e legislam?

"'Possuía dois chifres, parecendo cordeiro, mas falava como dragão'. Embora professem ser seguidores do Cordeiro de Deus, os homens se tornam imbuídos do espírito do dragão. Eles professam ser mansos e humildes, mas falam e legislam com o espírito de Satanás, mostrando por suas ações que são o oposto do que professam ser." (Maranata! Meditação Matinal, 189).

6. O que indicam os chifres semelhantes aos do cordeiro e a voz de dragão?

"Os chifres semelhantes aos do cordeiro e a voz de dragão deste símbolo indicam contradição flagrante entre o que professa e pratica a nação assim representada. A 'fala' da nação são os atos de suas autoridades legislativas e judiciárias. Por esses atos desmentirá os princípios liberais e pacíficos que estabeleceu como fundamento de sua política." (O Grande Conflito, 442).

7. O que anunciam o falar como o dragão e exercer o poder da primeira besta?

"A predição de falar 'como o dragão', e exercer 'todo o poder da primeira besta', claramente anuncia o desenvolvimento do espírito de intolerância e perseguição que manifestaram as nações representadas pelo dragão e pela besta semelhante ao leopardo." (O Grande Conflito, 442).

8. Que declaração indica a imposição de alguma observância que homenageia o papado?

"E a declaração de que a besta de dois chifres faz com 'que a Terra e os que nela habitam adorem a primeira besta', indica que a autoridade desta nação deve ser exercida impondo ela alguma observância que constituirá ato de homenagem ao papado." (O Grande Conflito, 442).

DESPREZO PELA LEI DE DEUS

9. Que liberdade terá fim nos Estados Unidos?

"Foi-me mostrado que Satanás nos está furtivamente tomando a dianteira. A lei de Deus, pela intervenção de Satanás, irá ser invalidada. Em nossa terra [Estados Unidos] de alardeada liberdade, a liberdade religiosa terá o seu fim." (Evangelismo, 236).

10. Que poder se une com o dragão para fazer guerra contra quem guarda os mandamentos de Deus?

"Esse poder semelhante a um cordeiro se une com o dragão para fazer guerra aos que guardam os mandamentos de Deus e tem o testemunho de Jesus Cristo." (Maranata! Meditação Matinal, 189).

CONCLUSÃO

11. Que três coisas a besta de dois chifres fará?

"O poder representado pela besta de chifres semelhantes aos do cordeiro fará com que a 'Terra e os que nela habitam' adorem o papado, ali simbolizado pela besta 'semelhante ao leopardo'. A besta de dois chifres dirá também 'aos que habitam na Terra que façam uma imagem à besta; e, ainda mais, mandará a todos, 'pequenos e grandes, ricos e pobres, livres e servos', que recebam o 'sinal da besta' Apocalipse 13:11-16." (O Grande Conflito, 578).

12. O que porão à prova nossa fé?

"Estamos perto da terminação do conflito entre o Príncipe da luz e o príncipe das trevas, e logo os enganos do inimigo porão à prova nossa fé, para ver de que espécie é. Satanás operará milagres à vista da besta e enganará 'os que habitam sobre a Terra por causa dos sinais que lhe foi dado executar diante da besta' Apocalipse 13:14." (E Recebereis Poder – Meditação Matinal, 128).

6
O Movimento Ecumênico

INTRODUÇÃO

1. Em que pontos as principais igrejas protestantes se ligarão?

"Quando as principais igrejas dos Estados Unidos, ligando-se em pontos de doutrinas que lhes são comuns, influenciarem o Estado para que imponha seus decretos e lhes apoie as instituições, a América protestante terá então formado uma imagem da hierarquia romana, e a inflição de penas civis aos dissidentes será o resultado inevitável." (Eventos Finais, 131).

UNIÃO COM A IGREJA ROMANA

2. Que Igreja finalmente se unirá com o protestantismo?

"Não conseguimos ver como a Igreja romana poderá desembaraçar-se da acusação de idolatria. E esta é a religião que os protestantes estão começando a encarar com tanto agrado e que finalmente se unirá com o protestantismo." (Review and Herald, 1/06/1886).

3. Que religião mudará?

"Esta união não será, porém, efetuada por uma mudança no catolicismo, pois Roma não muda. Ela declara possuir infalibilidade. É o protestantismo que mudará. A adoção de ideias liberais, de sua parte, o conduzirá ao ponto em que possa apertar a mão do catolicismo." (Review and Herald, 1/06/1886).

4. Quem se unirá para excluir a luz da lei de Deus?

"E sendo a atenção do povo chamada para a lei de Deus calcada a pés, Satanás entrará em ação. O poder que acompanha a mensagem apenas enfurecerá os que a ela se opõem. O clero empregará esforços quase sobre-humanos para excluir a luz. Por todos os meios ao seu alcance esforçar-se-á por evitar todo estudo destes assuntos vitais. A igreja apelará para o braço forte do poder civil, e nesta obra unir-se-ão romanistas e protestantes." (Maranata! Meditação Matinal, 170).

5. Com quem o mundo protestante formará uma confederação?

"O pretenso mundo protestante formará uma confederação com o homem do pecado, e a igreja e o mundo estão em corrupta harmonia." (VII The Seventh-day Adventist Bible Commentary, 975).

TRÍPLICE UNIÃO

6. Quais são os dois grandes erros?

"Mediante os dois grandes erros - a imortalidade da alma e a santidade do domingo - Satanás há de enredar o povo em suas malhas. Enquanto o primeiro lança o fundamento do espiritismo, o último cria um laço de simpatia com Roma." (O Grande Conflito, 588).

7. Quem constitui a tríplice união?

"Os protestantes dos Estados Unidos, serão os primeiros a estender as mãos através da voragem para apanhar a mão do espiritismo; estender-se-ão por sobre o abismo para dar mãos ao poder romano; e, sob a influência desta tríplice união, este país seguirá as pegadas de Roma, desprezando os direitos da consciência." (O Grande Conflito, 588)

8. O que os Estados Unidos vão repudiarão?

"Quando o protestantismo estender os braços através do abismo, a fim de dar uma das mãos ao poder romano e a outra ao espiritismo, quando por influência dessa tríplice aliança os Estados Unidos forem induzidos a repudiar todos os princípios de sua Constituição, que fizeram deles um governo protestante e republicano, e adotar medidas para a propagação dos erros e falsidades do papado, podemos saber que é chegado o tempo das operações maravilhosas de Satanás e que o fim está próximo." (II Testemunhos Seletos, 151).

9. O que será visto nessa tríplice aliança?

"Romanistas, protestantes e mundanos verão nesta aliança um grandioso movimento para a conversão do mundo, e o começo do milênio há tanto esperado." (Maranata! Meditação Matinal, 258).

CONCLUSÃO

11. Quem dará a mão da comunhão ao poder romano?

"O protestantismo dará a mão da comunhão ao poder romano. Então haverá uma lei contra o sábado da criação divina, e será nessa ocasião que Deus efetuará Sua 'estranha obra' na Terra." (Eventos Finais, 130).

10. Ao lado de quem os protestantes lançarão toda a sua influência?

"Os protestantes lançarão toda a sua influência e poder ao lado do papado. Por um ato nacional impondo o falso sábado, eles darão vida e vigor à corrompida fé de Roma, avivando sua tirania e opressão da consciência." (Maranata! Meditação Matinal, 1977).

12. Quando serão excedidas as perseguições passadas?

"As perseguições dos protestantes pelo romanismo, pelas quais foi quase aniquilada a religião de Jesus Cristo, serão mais que superadas quando o protestantismo e o papismo estiverem unidos." (Maranata! Meditação Matinal, 192).

7
União da Igreja com o Estado

INTRODUÇÃO

1. Em que pontos se baseiam a união das igrejas?

"Há anos, porém, que nas igrejas protestantes se vem manifestando poderoso e crescente sentimento em favor de uma união baseada em pontos comuns de doutrinas. Para conseguir tal união, deve-se necessariamente evitar toda discussão de assuntos em que não estejam todos de acordo, independentemente de sua importância do ponto de vista bíblico." (O Grande Conflito, 444).

2. O que as autoridades religiosas e seculares se combinaram para impor?

"Como o sábado se tornou o ponto especial de controvérsia por toda a cristandade, e as autoridades religiosas e seculares se combinaram para impor a observância do domingo, a recusa persistente de uma pequena minoria em ceder à exigência popular, fará com que esta minoria seja objeto de ódio universal." (O Grande Conflito, 615).

IMAGEM DA BESTA

3. A quem as igrejas influenciarão para que lhes apoie as instituições?

"Quando as principais igrejas dos Estados Unidos, ligando-se em pontos de doutrinas que lhes são comuns, influenciarem o Estado para que imponha seus decretos e lhes apoie as instituições, a América protestante terá então formado uma imagem da hierarquia romana, e a inflição de penas civis aos dissidentes será o resultado inevitável." (Eventos Finais, 131).

4. O que é preciso para que os Estados Unidos formem a imagem da besta?

"A fim de formarem os Estados Unidos uma imagem da besta, o poder religioso deve a tal ponto dirigir o governo civil que a autoridade do Estado também seja empregada pela igreja para realizar os seus próprios fins." (O Grande Conflito, 443).

5. Com que ato as igrejas formariam uma imagem à besta?

"No próprio ato de impor um dever religioso por meio do poder secular, formariam as igrejas mesmas uma imagem à besta; daí a obrigatoriedade da guarda do domingo nos Estados Unidos equivaler a impor a adoração à besta e à sua imagem." (O Grande Conflito, 445).

6. Quando a América Protestante terá formado uma imagem do papado?

"Quando o Estado usar seu poder para impor os decretos e amparar as instituições da Igreja - então a América Protestante terá formado uma imagem do papado e haverá uma apostasia nacional que só terminará em ruína nacional." (VII The Seventh-day Adventist Bible Commentary, 976).

DECRETO DOMINICAL

7. O que será tornado obrigatório pela autoridade da Igreja e do Estado?

"Quando as igrejas protestantes se unirem com o poder secular para amparar uma religião falsa, à qual se opuseram os seus antepassados, sofrendo com isso a mais terrível perseguição, então o dia de repouso papal será tornado obrigatório pela autoridade mancomunada da Igreja e do Estado." (Evangelismo, 234).

8. Que lei será votada?

"Quando nossa nação renunciar os princípios de seu governo de tal forma que vote uma lei dominical, nesse próprio ato o protestantismo dará a mão ao papado." (II Testemunhos Seletos, 318).

9. Para onde é levada a igreja quando unida ao Estado?

"A união da Igreja com o Estado, não importa quão fraca possa ser, conquanto pareça levar o mundo mais perto da igreja, não leva, em realidade, senão a igreja mais perto do mundo." (O Grande Conflito, 297).

10. O que a Igreja e o Estado estão agora fazendo?

A Igreja e o Estado estão agora fazendo preparativos para um futuro conflito. Como outrora os romanistas, os protestantes estão agindo dissimuladamente para exaltar o domingo. (II Testemunhos Seletos, 149).

CONCLUSÃO

11. O que aguarda o povo de Deus?

"Uma grande crise aguarda o povo de Deus. Muito em breve nossa nação procurará impor a todos a observância do primeiro dia da semana como dia sagrado." (Review and Herald Extra, 11 de dezembro de 1888).

12. Quem não receberá o sinal da besta?

"Se bem que a igreja e o Estado reúnam o seu poder a fim de obrigar 'a todos, pequenos e grandes, ricos e pobres, livres e servos', a receberem 'o sinal da besta' (Apocalipse

13:16), o povo de Deus, no entanto, não o receberá.” (O Grande Conflito, 450).

8

Apostasia e Ruína Nacional

INTRODUÇÃO

1. Que país fará leis para restringir a liberdade religiosa?

"Os adventistas do sétimo dia travarão a batalha pelo sábado do sétimo dia. As autoridades nos Estados Unidos e em outros países se levantarão em seu orgulho e poder, e farão leis para restringir a liberdade religiosa." (Manuscrito 78, 1897).

2. Contra quem o mundo há de ser instigado à inimizade?

"O mundo todo há de ser instigado à inimizade contra os adventistas do sétimo dia, porque eles não rendem homenagem ao papado, honrando o domingo, instituição desse poder anticristão." (A Igreja Remanescente, 34).

A APOSTASIA NACIONAL

3. O que está iminente?

"Os que se empenham em conseguir uma emenda à Constituição, para obter uma lei que imponha a observância do domingo, mal compreendem qual vai ser o resultado. Uma crise está iminente." (II Testemunhos Seletos, 152).

4. O que ocasionarão uma apostasia nacional?

"Leis impondo a observância do domingo como o sábado ocasionarão uma apostasia nacional dos princípios do republicanismo em que se baseia o governo. A religião do papado será aceita pelos governantes, e será invalidada a lei de Deus." (VII Manuscript Releases, 192).

A RUÍNA NACIONAL

5. O que haverá quando for formada a imagem do papado?

"Quando o Estado usar seu poder para impor os decretos e amparar as instituições da Igreja - então a América Protestante terá formado uma imagem do papado e haverá uma apostasia nacional que só terminará em ruína nacional." (VII The Seventh-day Adventist Bible Commentary, 976).

6. Pelo que será seguido rapidamente a apostasia nacional?

"Princípios católicos romanos serão adotados sob o cuidado e a proteção do Estado. Esta apostasia nacional será rapidamente seguida pela ruína nacional." (Review and Herald, 15 de junho de 1897).

7. O que se seguirá à apostasia nacional?

"Quando nossa nação, em seus conselhos legislativos, votar leis para reprimir a consciência dos homens no tocante a seus privilégios religiosos, impondo a observância do domingo e fazendo com que o poder opressivo seja posto em ação contra os que guardam o sábado do sétimo dia, a lei de Deus será, para todos os efeitos, invalidada em nossa terra; e à apostasia nacional seguir-se-á a ruína nacional." (Eventos Finais, 133).

8. Como terminará a apostasia nacional?

"Quando as igrejas protestantes se unirem com o poder secular para amparar uma religião falsa, à qual se opuseram os seus antepassados, sofrendo com isso a mais terrível perseguição, então o dia de repouso papal será tornado obrigatório pela autoridade combinada da Igreja e do Estado.

Haverá uma apostasia nacional que só terminará em ruína nacional." (Manuscrito 51, 1899).

9. Qual será o resulto da apostasia da América Protestante?

"O povo dos Estados Unidos tem sido um povo privilegiado; mas quando eles restringirem a liberdade religiosa, abandonarem o protestantismo e derem apoio ao papado, encher-se-á a medida de sua culpa, e será registrado nos livros de Céu: 'apostasia nacional'. O resultado dessa apostasia será a ruína nacional." (Maranata! Meditação Matinal, 214).

10. Qual é o sinal para a ruína da nação Americana?

"É ao tempo da apostasia nacional, quando, agindo segundo os métodos de Satanás, os governantes da Terra se enfileirarem ao lado do homem do pecado - é então que a medida da culpa se encherá; a apostasia nacional é o sinal para a ruína da nação." (II Mensagens Escolhidas, 373).

CONCLUSÃO

11. O que indica que o fim da paciência de Deus?

"Como a aproximação dos exércitos romanos foi um sinal para os discípulos da iminente destruição de Jerusalém, assim essa apostasia será para nós um sinal de que o limite da paciência de Deus está atingido." (II Testemunhos Seletos, 150).

12. O que se tornará um pecado nacional?

"Quando for invalidada a lei de Deus e a apostasia se tornar um pecado nacional, o Senhor agirá em favor de Seu povo." (III Mensagens Escolhidas, 388).

9
Uma Crise Universal

INTRODUÇÃO

1. Do que a nação americana se divorciará por completo?

"Por um decreto que visará impor uma instituição papal em contraposição à lei de Deus, a nação americana se divorciará por completo dos princípios da justiça." (II Testemunhos Seletos, 150).

2. O que os poderes da Terra unidos decretarão?

"Os poderes da Terra, unindo-se para combater os mandamentos de Deus, decretarão que todos, 'pequenos e grandes, ricos e pobres, livres e servos' (Apocalipse 13:16), se conformem aos costumes da igreja, pela observância do falso sábado."(O Grande Conflito, 604).

CRISE UNIVERSAL

3. Quando chegará a grande crise?

"A grande crise chegará quando as nações se unirem na anulação a lei de Deus." (V Testimonies, 524).

4. Quem não estará sozinho nessa homenagem ao papado?

"Nesta homenagem ao papado, os Estados Unidos não estarão sozinhos. A influência de Roma nos países que uma vez já lhe reconheceram o domínio está ainda longe de ser destruída. E a profecia prevê uma restauração de seu poder." (O Grande Conflito, 579).

5. Em que lugares o papado receberá homenagem?

"Tanto no Velho como no Novo Mundo o papado receberá homenagem pela honra prestada à instituição do domingo, que repousa unicamente na autoridade da Igreja de Roma." (O Grande Conflito, 579).

6. O que agitará o mundo inteiro?

"A lei de Deus, pela intervenção de Satanás, irá ser invalidada. Em nossa terra [Estados Unidos] de alardeada liberdade, a liberdade religiosa terá o seu fim. A luta será decidida no que toca ao assunto do sábado, e agitará o mundo inteiro." (Evangelismo, 236).

7. Quem será induzido a imitar o exemplo dos Estados Unidos?

"Quando os Estados Unidos, o país da liberdade religiosa, se aliar com o papado, a fim de dominar as consciências e impelir os homens a reverenciar o falso sábado, os povos de todos os demais países do mundo hão de ser induzidos a imitar-lhe o exemplo." (II Testemunhos Seletos, 373).

8. Quem seguirá o exemplo dos Estados Unidos?

"As nações estrangeiras seguirão o exemplo dos Estados Unidos. Posto que ela seja a líder, a mesma crise atingirá todo o nosso povo em toda parte do mundo." (III Testemunhos Seletos, 46).

9. Quando Deus se manifestará?

"A imposição das leis dos homens em lugar da lei de Deus; a exaltação por mera autoridade humana do domingo em lugar do sábado bíblico, eis o último ato do drama. Quando esta substituição chegar a ser universal, Deus se manifestará." (VII Testimonies, 524).

10. O que haverá nos diferentes países?

"Quando a proteção das leis humanas for retirada dos que honram a lei de Deus, haverá, nos diferentes países, um movimento simultâneo com o fim de destruí-los." (O Grande Conflito, 635).

CONCLUSÃO

11. O que vem sobre o mundo?

"O professo mundo protestante formará uma confederação com o homem do pecado, e a igreja e o mundo estarão em corrupta harmonia. Eis que a grande crise vem sobre o mundo." (II Mensagens Escolhidas, 367).

12. O que estará sobre inteiro domínio de Satanás?

"'As leis humanas serão feitas tão rígidas que os homens e mulheres não ousarão observar o sábado do sétimo dia. Pelo temor de que lhes venha a faltar alimentos e vestuário, eles se unirão com o mundo na transgressão da lei de Deus. A Terra estará inteiramente sob meu domínio'." (Profetas e Reis, 184)

10
A Imagem da Besta

INTRODUÇÃO

1. Para sabermos o que é a imagem da besta, o que devemos estudar?

"O que é a 'imagem da besta'? e como será ela formada? A imagem é feita pela besta de dois cornos, e é uma imagem à primeira besta. É também chamada imagem da besta. Portanto, para sabermos o que é a imagem, e como será formada, devemos estudar os característicos da própria besta – o papado." (Eventos Finais, 228).

2. Como a América do Norte formará uma imagem da hierarquia romana?

"Quando as principais igrejas dos Estados Unidos, ligando-se em pontos de doutrinas que lhes são comuns, influenciarem o Estado para que imponha seus decretos e lhes apoie as instituições, a América do Norte protestante terá então formado uma imagem da hierarquia romana, e a aplicação de penas civis aos dissidentes será o resultado inevitável." (O Grande Conflito, 445).

FORMAÇÃO DA IMAGEM DA BESTA

3. Quando a América Protestante terá formado uma imagem do papado?

"Quando o Estado usar seu poder para impor os decretos e amparar as instituições da Igreja - então a América

Protestante terá formado uma imagem do papado e haverá uma apostasia nacional que só terminará em ruína nacional." (VII The Seventh-day Adventist Bible Commentary, 976).

4. Em que ato as igrejas formariam uma imagem à besta?

"Mas, no próprio ato de impor um dever religioso por meio do poder secular, formariam as igrejas mesmas uma imagem à besta; daí a obrigatoriedade da guarda do domingo nos Estados Unidos equivaler a impor a adoração à besta e à sua imagem." (O Grande Conflito, 449).

5. Quem formará uma imagem da besta?

"A fim de formarem os Estados Unidos uma imagem da besta, o poder religioso deve a tal ponto dirigir o governo civil que a autoridade do Estado também seja empregada pela igreja para realizar os seus próprios fins." (O Grande Conflito, 443).

6. Quando se formará a imagem da besta?

"A imagem da besta formar-se-á antes que termine a graça; pois isso será a grande prova para o povo de Deus, pela qual será decidido seu destino eterno." (II Mensagens Escolhidas, 81).

7. O que representa a imagem da besta?

"A imagem da besta representa a forma de protestantismo apóstata que se desenvolverá quando as igrejas protestantes buscarem o auxílio do poder Civil para imposição de seus dogmas." (Evangelismo, 228).

8. Que mundo constituirá a imagem da besta?

"E todos os que não se submeterem ao decreto dos concílios nacionais, obedecendo às leis nacionais para exaltar o sábado instituído pelo homem do pecado em desconsideração ao santo dia de Deus, sentirão não somente o poder opressivo do papado, mas também do mundo protestante, a imagem da besta." (III Mensagens Escolhidas, 385).

ALIANÇA DO MAL

9. O que o professo mundo protestante formará?

"O professo mundo protestante formará uma confederação com o homem do pecado, e a igreja e o mundo estarão em corrupta harmonia." (II Mensagens Escolhidas, 367).

10. Quem verá nesta aliança um movimento para conversão do mundo?

"Romanistas, protestantes e mundanos verão nesta aliança um grandioso movimento para a conversão do mundo, e o começo do milênio há tanto esperado." (Maranata! Meditação Matinal, 258).

CONCLUSÃO

11. De quem será retirado o apoio?

"Será retirado o apoio dos que proclamam o único padrão de justiça de Deus, a única e segura prova do caráter." (III Mensagens Escolhidas, 385).

12. Quem está andando nas pisadas do Papado?

"O mundo protestante criou um sábado idólatra no lugar em que devia estar o sábado do Senhor, e está andando nas pisadas do Papado." (Carta 90, 1897).

11
O Protestantismo Apostatado

INTRODUÇÃO

1. O que o mundo protestante reverencia?

"O nome Adventista do Sétimo Dia é uma contínua repreensão ao mundo protestante. É aqui que está a linha divisória entre os que adoram a Deus e os que adoram a besta e recebem seu sinal. O grande conflito é entre os mandamentos de Deus e as exigências da besta. E porque os santos guardam todos os mandamentos de Deus, que o dragão lhes move guerra. Se rebaixassem seu padrão e cedessem nas particularidades de sua fé, o dragão estaria satisfeito; mas provocam sua ira por ousarem exaltar o padrão e promover o estandarte de oposição ao mundo protestante que reverencia uma instituição do papado." (A Igreja Remanescente, 65).

2. O que as igrejas protestantes aceitaram?

"As igrejas protestantes aceitaram o sábado falso, o filho do papado, e exaltaram-no acima do santo e santificado dia de Deus. Cumpre-nos tornar claro a nossos filhos que o primeiro dia da semana não é o verdadeiro sábado e que sua observância, depois de nos haver sido enviada a luz quanto ao dia verdadeiro de descanso, está em plena contradição com a lei de Deus." (Conselhos Sobre Educação, 179).

UNIÃO DOUTRINÁRIA

3. Para conseguir a união das igrejas o que se deve necessariamente evitar?

"A vasta diversidade de crenças nas igrejas protestantes é por muitos considerada como prova decisiva de que jamais se poderá fazer esforço algum para se conseguir uma uniformidade obrigatória. Há anos, porém, que nas igrejas protestantes se vem manifestando poderoso e crescente sentimento em favor de uma união baseada em pontos comuns de doutrinas. Para conseguir tal união, deve-se necessariamente evitar toda discussão de assuntos em que não estejam todos de acordo, independentemente de sua importância do ponto de vista bíblico." (O Grande Conflito, 444).

4. Quais são os dois grandes erros que levarão à união das igrejas?

"Mediante os dois grandes erros - a imortalidade da alma e a santidade do domingo - Satanás há de enredar o povo em suas malhas. Enquanto o primeiro lança o fundamento do espiritismo, o último cria um laço de simpatia com Roma." (Maranata! Meditação Matinal, 185).

5. Em que as principais igrejas dos Estados Unidos se ligarão?

"Quando as principais igrejas dos Estados Unidos, ligando-se em pontos de doutrinas que lhes são comuns, influenciarem o Estado para que imponha seus decretos e lhes apoie as instituições, a América do Norte protestante terá então formado uma imagem da hierarquia romana, e a aplicação de penas civis aos dissidentes será o resultado inevitável." (Evangelismo, 131).

PERSEGUIÇÃO CONTRA OS DISSIDENTES

6. Como o mundo protestante vê os observadores do sábado?

"O mundo protestante moderno vê no pequeno grupo de observadores do sábado um Mardoqueu à porta. Seu caráter e conduta, exprimindo a verdadeira reverência pela lei de Deus, são uma exprobração constante para os que renunciaram o temor do Senhor, calcando a pés Seu santo sábado." (II Testemunhos Seletos, 150).

7. A quem as igrejas protestantes procurarão silenciar?

"Ao rejeitarem as igrejas protestantes os argumentos claros das Escrituras Sagradas, em defesa da lei de Deus, almejarão fazer silenciar aqueles cuja fé não podem subverter pela Bíblia. Embora fechem os olhos ao fato, estão agora a enveredar por caminho que levará à perseguição dos que conscienciosamente se recusam a fazer o que o resto do mundo cristão se acha a praticar, e a reconhecer as pretensões do sábado papal." (O Grande Conflito, 592).

O FILHO DO PAPADO

8. O que o pretenso mundo protestante formará?

"O pretenso mundo protestante formará uma confederação com o homem do pecado, e a igreja e o mundo estarão em corrupta harmonia." (Evangelismo, 130).

9. O que é a imposição da guarda do domingo pelos protestantes?

"A imposição da guarda do domingo pelos protestantes é uma obrigatoriedade do culto ao papado." (Evangelismo, 131).

10. O que o mundo protestante tem admitido?

"E o mundo protestante tem admitido que este filho do papado [domingo] seja considerado sagrado. Na Palavra de Deus, isto é chamado de sua fornicação." (VII The Seventh-day Adventist Bible Commentary, 979).

CONCLUSÃO

11. Quem fala com a voz de um dragão?

"O protestantismo, um poder que, embora professe ter a índole e o espírito de um cordeiro e estar aliado com o Céu, fala com a voz de um dragão. Ele é impelido por um poder terreno." (Maranata! Meditação Matinal, 185).

12. Com quem Satanás se unirá?

"Esse poder semelhante a um cordeiro se une com o dragão para fazer guerra aos que guardam os mandamentos de Deus e têm o testemunho de Jesus Cristo. E Satanás une-se com protestantes e romanistas, agindo de parceria com eles como o deus deste mundo, dando ordens aos homens como se fosse os súditos de seu reino, para serem manejados, governados e controlados segundo lhe apraz." (Maranata! Meditação Matinal, 189).

12
Uma Futura Teocracia

INTRODUÇÃO

1. Quem apelará para o braço forte do poder civil?

"A igreja apelará para o braço forte do poder civil, e nesta obra unir-se-ão romanistas e protestantes." (O Grande Conflito, 607).

2. O que serão adotados sob a proteção do Estado?

"Princípios católicos romanos serão adotados sob o cuidado e a proteção do Estado. Esta apostasia nacional será rapidamente seguida pela ruína nacional." (Review and Herald, 15 de junho de 1897).

SEGUINDO AS PEGADAS DE ROMA

3. O que o papado adquirirá na América protestante?

"No movimento ora em ação nos Estados Unidos a fim de conseguir para as instituições e usos da igreja o apoio do Estado, os protestantes estão a seguir as pegadas dos romanistas. Na verdade, mais que isto, estão abrindo a porta para o papado a fim de adquirir na América protestante a supremacia que perdeu no Velho Mundo." (O Grande Conflito, 573).

4. Quem será adorado quando for imposta a observância do domingo?

"A profecia do capítulo 13 do Apocalipse declara que o poder representado pela besta de cornos semelhantes aos do cordeiro fará com que a 'Terra e os que nela habitam' adorem o papado, ali simbolizado pela besta 'semelhante ao leopardo'. Esta profecia se cumprirá quando aquela nação impuser a observância do domingo, que Roma alega ser um reconhecimento especial de sua supremacia." (Eventos Finais, 129).

5. Que princípio assegurará o triunfo de Roma nos Estados Unidos?

"Estabeleça-se nos Estados Unidos o princípio de que a igreja possa empregar ou dirigir o poder do Estado; de que as observâncias religiosas possam ser impostas pelas leis seculares; em suma, que a autoridade da igreja e do Estado devem dominar a consciência, e Roma terá assegurado o triunfo nesse país." (O Grande Conflito, 581).

6. Que sinal indicará que fim do limite da paciência de Deus?

"Como a aproximação dos exércitos romanos foi um sinal para os discípulos da iminente destruição de Jerusalém, assim essa apostasia será para nós um sinal de que o limite da paciência de Deus está atingido, que as nações encheram a medida de sua iniquidade, e o anjo da graça está a ponto de dobrar as asas e partir da Terra para não mais tomar." (II Testemunhos Seletos, 150).

CEGUEIRA PROTESTANTE

7. Como os protestantes darão vigor à fé de Roma?

"Os protestantes lançarão toda a sua influência e poder ao lado do papado. Por um ato nacional impondo o falso sábado, eles darão vida e vigor à corrompida fé de Roma, avivando sua tirania e opressão da consciência." (Maranata! Meditações Matinais, 1977, 179).

8. O que um governo protestante abandona?

"Eles estão agindo como cegos. Não veem que se um governo protestante abandona os princípios que deles fizeram uma nação livre e independente, e, pela legislação, introduz na Constituição princípios que propaguem a falsidade e ilusão papal, eles estão se lançando nos horrores romanos da Idade Média." (Review and Herald Extra, 11 de dezembro de 1888).

9. Quem tem guerreado contra a liberdade de consciência?

"Qualquer movimento em favor da legislação religiosa é realmente um ato de concessão ao papado, que por tantos séculos tem constantemente guerreado contra a liberdade de consciência. A observância do domingo deve sua existência como assim chamada instituição cristã, ao 'mistério da iniquidade'; e sua imposição será o virtual reconhecimento dos princípios que são a pedra angular do romanismo." (II Testemunhos Seletos, 318).

10. Por qual ato o protestantismo dará mão ao papado?

"Quando nossa nação abjurar os princípios de seu governo de tal forma que vote uma lei dominical, nesse próprio ato o protestantismo dará a mão ao papado; isso não será outra coisa senão dar vida à tirania que há muito aguarda ansiosa sua oportunidade de saltar de novo para o despotismo ativo." (II Testemunhos Seletos, 318).

CONCLUSÃO

11. O que golpeia o movimento de imposição do domingo?

"Muitos há, mesmo entre os que se empenham neste movimento em favor da imposição do domingo, que se acham cegos aos resultados que seguirão a essa ação. Não veem que golpeiam diretamente a liberdade religiosa." (II Testemunhos Seletos, 318).

12. Como a nação americana se divorciará dos princípios da justiça?

"Por um decreto que visará impor uma instituição papal em contraposição à lei de Deus, a nação americana se divorciará por completo dos princípios da justiça." (Maranata! Meditação Matinal, 214).

13

Os Protestantes e Roma

INTRODUÇÃO

1. Quem tem se intrometido e patrocinado o papado?

"Os protestantes têm-se intrometido com o papado, patrocinando-o; têm usado de transigência e feito concessões que os próprios romanistas se surpreendem de ver e não compreendem." (O Grande Conflito, 566).

2. Como os protestantes olham hoje para o romanismo?

"O romanismo é hoje olhado pelos protestantes com muito maior favor do que anos atrás. Nos países em que o catolicismo não está na ascendência, e os romanistas adotam uma política conciliatória a fim de consegui-la." (O Grande Conflito, 563).

3. O que os protestantes ensinavam os seus filhos?

"Houve tempo em que os protestantes davam alto valor à liberdade de consciência a tão elevado preço comprada. Ensinavam os filhos a aborrecer o papado, e sustentavam que buscar harmonia com Roma seria deslealdade para com Deus. Mas quão diferentes são os sentimentos hoje expressos!" (O Grande Conflito, 563).

INDIFERENÇA DOUTRINÁRIA

4. O que ganha terreno entre os protestantes?

"Há crescente indiferença com relação às doutrinas que separam as igrejas reformadas da hierarquia papal; ganha terreno a opinião de que, em última análise, não diferimos tão grandemente em pontos vitais como se supunha, e de que pequenas concessões de nossa parte nos levarão a melhor entendimento com Roma." (O Grande Conflito, 563).

5. Do que o protestantismo moderno muito de distancia?

"Não é sem motivo que se tem feito nos países protestantes a alegação de que o catolicismo difere hoje menos do protestantismo do que nos tempos passados. Houve uma mudança; mas esta não se verificou no papado. O catolicismo na verdade em muito se assemelha ao protestantismo que hoje existe; pois o protestantismo moderno muito se distancia daquele dos dias da Reforma." (O Grande Conflito, 571).

6. Quem não se acha em harmonia com o evangelho de Cristo?

"Mas o romanismo, como sistema não se acha hoje em harmonia com o evangelho de Cristo mais do que em qualquer época passada de sua história. As igrejas protestantes estão em grandes trevas, pois do contrário discerniriam os sinais dos tempos." (O Grande Conflito, 565).

CUIDADO! GRANDE PERIGO

7. Por que o povo precisa ser despertado?

"Os homens cerram os olhos ao verdadeiro caráter do romanismo, e aos perigos que se devem recear com a sua supremacia. O povo necessita ser despertado a fim de resistir aos avanços deste perigosíssimo inimigo da liberdade civil e religiosa." (O Grande Conflito, 566).

8. Do que se vestiu a Igreja de Roma?

"A Igreja de Roma apresenta hoje ao mundo uma fronte serena, cobrindo de justificações o registro de suas horríveis crueldades. Vestiu-se com roupagens de aspecto cristão; não mudou, porém. Todos os princípios formulados pelo papado em épocas passadas existem ainda hoje. As doutrinas inventadas nas tenebrosas eras ainda são mantidas." (O Grande Conflito, 571).

9. Do que Roma jacta-se?

"E, convém lembrar, Roma jacta-se de que nunca muda. Os princípios de Gregório VII e Inocêncio III ainda são os princípios da Igreja Católica Romana. E tivesse ela tão-somente o poder, pô-los-ia em prática com tanto vigor agora como nos séculos passados." (O Grande Conflito, 581).

10. Que aviso deu a Palavra de Deus?

"A Palavra de Deus deu aviso do perigo iminente; se este for desatendido, o mundo protestante saberá quais são realmente os propósitos de Roma, apenas quando for demasiado tarde para escapar da cilada." (O Grande Conflito, 581).

CONCLUSÃO

11. O que são surpreendentes?

"A sagacidade e astúcia da Igreja de Roma são surpreendentes. Ela sabe ler o futuro. Aguarda o seu tempo, vendo que as igrejas protestantes lhe estão prestando homenagem com o aceitar do falso sábado, e se preparam para impô-lo pelos mesmos meios que ela própria empregou em tempos passados." (O Grande Conflito, 580).

12. O que Roma deseja recuperar?

"Pouco sabe os protestantes do que estão fazendo ao se proporem aceitar o auxílio de Roma na obra da exaltação do domingo. Enquanto se aplicam à realização de seu propósito, Roma está visando a restabelecer o seu poder, para recuperar a supremacia perdida." (O Grande Conflito, 581).

14

Intolerância Religiosa

INTRODUÇÃO

1. Quem se aliará contra os que guardam os mandamentos de Deus?

"'E o dragão irou-se contra a mulher, e foi fazer guerra ao resto da sua semente, os que guardam os mandamentos de Deus e têm o testemunho de Jesus Cristo' Apocalipse 12:17. Num futuro não muito distante haveremos de ver estas palavras cumpridas, quando as igrejas protestantes se aliarem com o mundo e o poder papal contra os que guardam os mandamentos de Deus. O mesmo espírito que atuou nos romanistas em épocas passadas há de induzir os protestantes a adotarem as mesmas medidas contra os que se conservam leais à lei de Deus." (II Testemunhos Seletos, 149).

2. O que sinal indicará que chegou o tempo de deixar as grandes cidades?

"Como o cerco de Jerusalém pelos exércitos romanos era o sinal de fuga para os cristãos judeus, assim o arrogar-se nossa nação o poder no decreto que torna obrigatório o dia de repouso papal será uma advertência para nós. Será então tempo de deixar as grandes cidades, passo preparatório ao sair das menores para lares retirados em lugares solitários entre as montanhas." (Eventos Finais, 121).

LIMITAÇÃO DA LIBERDADE RELIGIOSA

3. Quando Deus operará a favor de Seu povo fiel?

"Quando a nação pela qual Deus tem trabalhado de maneira tão maravilhosa, e sobre a qual tem lançado o escudo da onipotência, abandonar os princípios protestantes, e pela sua legislação der proteção e apoio ao romanismo no limitar a liberdade religiosa, então operará Deus com Seu próprio poder em favor de Seu povo que é fiel." (Testemunho Para Ministros e Obreiros Evangélicos, 206).

4. Quando será revelada a obra final do homem do pecado?

"Quando essa terra, por meio de seus legisladores, renunciar aos princípios do protestantismo e der apoio à apostasia papal, falsificando a lei de Deus - então é que será revelada a obra final do homem do pecado." (Maranata! Meditação Matinal, 177).

5. Quem está agindo dissimuladamente para exaltar o domingo?

"A Igreja e o Estado estão agora fazendo preparativos para um futuro conflito. Como outrora os romanistas, os protestantes estão agindo dissimuladamente para exaltar o domingo. Por todo o país a igreja papal está elevando seus gigantescos e maciços edifícios em cujos recessos se hão de repetir as cenas de perseguição de outros tempos." (II Testemunhos Seletos, 149).

PERSEGUIÇÕES

6. Quando a verdadeira igreja será assaltada pela perseguição?

"Quando as igrejas do nosso país, ligando-se em pontos de doutrinas que lhes são comuns, influenciarem o Estado para que imponha seus decretos e lhes apoie as instituições, a América protestante terá então formado uma imagem da hierarquia romana. Então será a verdadeira igreja assaltada pela perseguição, como o foi o antigo povo de Deus." (História da Redenção, 381).

7. Ao falharem as medidas mais brandas, o que será promulgado?

"Dominadores seculares e dirigentes religiosos unir-se-ão para impor a observância do domingo; e, quando falharem as medidas mais brandas, serão promulgadas as leis mais opressivas. Alegar-se-á que os poucos que se levantam em oposição a uma instituição da Igreja e a uma lei do país, não devem ser tolerados." (Maranata! Meditação Matinal, 186).

8. O que as igrejas protestantes farão?

"As organizações religiosas que recusam ouvir as mensagens de advertência da parte de Deus estarão sob forte engano, e se unirão com o poder civil para perseguir os santos. As igrejas protestantes se unirão com o poder papal para perseguir o povo de Deus que guarda os mandamentos." (Eventos Finais, 145).

9. Quem sentirá o poder opressivo do papado e do mundo protestante?

"E todos quantos não se curvarem ao decreto dos concílios nacionais e obedecerem às leis nacionais para exaltar o sábado instituído pelo homem do pecado, para menosprezar o santo dia de Deus, sentirão, não somente o poder opressivo do papado, mas do mundo protestante, a imagem da besta." (Maranata! Meditação Matinal, 212).

10. Quem adotará uma conduta idêntica contra os que honram os preceitos divinos?

"O romanismo no Velho Mundo, o protestantismo apóstata no Novo, adotarão uma conduta idêntica para com aqueles que honram todos os preceitos divinos. O povo de Deus será então imerso naquelas cenas de aflição e angústia descritas pelo profeta como o tempo de angústia de Jacó." (Eventos Finais, 262).

CONCLUSÃO

11. O que será o ponto especial de controvérsia por toda a cristandade?

"No último conflito o sábado será o ponto especial de controvérsia por toda a cristandade." (Maranata! Meditação Matinal, 186).

12. O que devemos mostrar o povo?

"Mostremos ao povo onde nos encontramos na história profética e procuremos despertar o espírito do verdadeiro protestantismo, acordando o mundo para a intuição do valor dos privilégios da liberdade religiosa por tanto tempo usufruídos." (II Testemunhos Seletos, 323).

15
Fim da Liberdade Religiosa

INTRODUÇÃO

1. Que leis as autoridades farão?

"Os adventistas do sétimo dia travarão a batalha pelo sábado do sétimo dia. As autoridades nos Estados Unidos e em outros países se levantarão em seu orgulho e poder, e farão leis para restringir a liberdade religiosa." (Manuscrito 78, 1897).

2. O que terá fim nos Estados Unidos?

"A lei de Deus, pela intervenção de Satanás, será invalidada. Em nossa terra [Estados Unidos] de alardeada liberdade, a liberdade religiosa terá o seu fim. A luta será decidida no que toca ao assunto do sábado, e agitará o mundo inteiro." (Evangelismo, 236).

MOVIMENTO PARA UMA LEGISLAÇÃO RELIGIOSA

3. Quem por séculos tem guerreado contra a liberdade de consciência?

"Qualquer movimento em favor da legislação religiosa é realmente um ato de concessão ao papado, que por tantos séculos tem constantemente guerreado contra a liberdade de consciência." (Maranata! Meditação Matinal, 129).

4. O que golpeiam aqueles que se empenham a favor da legislação do domingo?

"Muitos há, mesmo entre os que se empenham neste movimento em favor da imposição do domingo, que se acham cegos aos resultados que seguirão a essa ação. Não veem que golpeiam diretamente a liberdade religiosa." (Eventos Finais, 126).

O FIM DA LIBERDADE RELIGIOSA

5. O que o povo dos Estados Unidos restringirá?

"O povo dos Estados Unidos tem sido um povo favorecido, mas quando eles restringirem a liberdade religiosa, renunciarem ao protestantismo e apoiarem o papado, a medida de sua culpa estará cheia, e nos livros do Céu será escrito: 'apostasia nacional'." (Review and Herald, 2 de maio de 1893).

6. Que país é a América?

"Quando a América, o país da liberdade religiosa, se aliar com o papado, a fim de dominar as consciências e impelir os homens a reverenciar o falso sábado, os povos de todos os demais países do mundo hão de ser induzidos a imitar-lhe o exemplo." (II Testemunhos Seletos, 373).

7. O que a nação americana limitará?

"Quando a nação pela qual Deus tem trabalhado de maneira tão maravilhosa, e sobre a qual tem lançado o escudo da onipotência, abandonar os princípios protestantes, e pela sua legislação der proteção e apoio ao romanismo no limitar a liberdade religiosa, então operará Deus com Seu próprio poder em favor de Seu povo que é fiel." (Maranata! Meditação Matinal, 192).

8. Que leis as autoridades farão?

"As autoridades farão leis para restringir a liberdade religiosa. Arrogar-se-ão o direito que só a Deus pertence. Pensarão que podem forçar a consciência, que só Deus deve reger. Mesmo agora estão começando esta obra; continuarão a levar avante até chegarem a um limite que não podem transpor. Deus Se interporá em favor de Seu povo leal, observador dos mandamentos." (O Desejados de Todas as Nações, 630).

PERIGOSO INIMIGO DA LIBERDADE RELIGIOSA

9. Quem é um perigosíssimo inimigo da liberdade civil e religiosa?

"Os protestantes têm-se intrometido com o papado, patrocinando-o; têm usado de transigência e feito concessões que os próprios romanistas se surpreendem de ver e não compreendem. Os homens cerram os olhos ao verdadeiro caráter do romanismo, e aos perigos que se devem recear com a sua supremacia. O povo necessita ser despertado a fim de resistir aos avanços deste perigosíssimo inimigo da liberdade civil e religiosa." (O Grande Conflito, 566).

10. O que diz o Bispo O' Connor?

"O tom pacífico usado por Roma nos Estados Unidos não implica mudança de coração. É tolerante onde é impotente. Diz o Bispo O' Connor: 'A liberdade religiosa é meramente suportada até que o contrário possa ser levado a efeito sem perigo para o mundo católico'." (O Grande Conflito, 565).

CONCLUSÃO

11. Onde a intolerância religiosa alcançará predomínio?

"Até aqui, os que apresentavam as verdades da mensagem do terceiro anjo foram muitas vezes considerados como simples alarmistas. Suas predições de que a intolerância religiosa alcançaria predomínio nos Estados Unidos, de que a Igreja e o Estado se uniriam para perseguir os que guardam os mandamentos de Deus, foram declaradas sem fundamento e absurdas." (O Grande Conflito, 605).

12. A bandeira da verdade e da liberdade religiosa repousa sobre quem?

"A bandeira da verdade e da liberdade religiosa desfraldada pelos fundadores da igreja evangélica e pelas testemunhas de Deus durante os séculos decorridos desde então, foi, neste último conflito, confiada a nossas mãos. A responsabilidade deste grande dom repousa com aqueles a quem Deus abençoou com o conhecimento de Sua Palavra." (Santificação, 161).

16

Perseguição e Proteção

INTRODUÇÃO

1. Quem será levada a grande prova?

"A igreja remanescente será levada a grande prova e aflição. Os que guardam os mandamentos de Deus e têm a fé de Jesus, sentirão a ira do dragão e sua hostes." (II Testemunhos Seletos, 175).

2. Pelo que será suprida a falta de autoridade divina?

"Os dignitários da igreja e do Estado unir-se-ão para subornar, persuadir ou forçar todas as classes a honrar o domingo. A falta de autoridade divina será suprida por legislação opressiva". (O Grande Conflito, 592).

PERSEGUIÇÃO AO POVO DE DEUS

3. Que perspectiva há perante nós?

"Há perante nós a perspectiva de uma luta contínua, com risco de prisão, perda de propriedade, e da própria vida, para defender a lei de Deus, que é anulada pelas leis dos homens." (II Testemunhos Seletos, 319).

4. Como serão provados os membros da igreja?

"Os membros da igreja serão individualmente provados. Serão colocados em circunstâncias em que se verão forçados a dar testemunho da verdade. Muitos serão chamados a falar diante de concílios e em tribunais de justiça, talvez separadamente e sozinhos." (II Testemunhos Seletos, 164).

5. O que será exigido de todos?

"De todos será exigido que prestem obediência a editos humanos em violação da lei divina. Os que forem fiéis a Deus e ao dever, serão ameaçados, denunciados e proscritos. 'Serão traídos até pelos pais, e irmãos, e parentes, e amigos" Lucas 21:16." (II Testemunhos Seletos, 176).

6. A quem Satanás procura destruir?

"Enquanto Satanás procura destruir os que honram a lei de Deus, fará com que sejam acusados como violadores da lei, como homens que estão desonrando a Deus e acarretando juízos sobre o mundo." (O Grande Conflito, 591).

PROTEÇÃO DIVINA

7. Quem faz de Deus a sua defesa?

"Estes poucos remanescentes, incapazes de se defender no conflito mortal com os poderes da Terra arregimentados pela hoste do dragão, fazem de Deus a sua defesa." (II Testemunhos Seletos, 67).

8. Quem protegerá o povo escolhido de Deus?

"O povo escolhido de Deus ficará inabalável. Satanás e sua hoste não os poderá destruir; pois anjos magníficos em poder protegê-los-ão." (III Testemunhos Seletos, 285).

9. O que seria impossível aos ímpios?

"Se, porém, seus olhos pudessem abrir, ver-se-iam rodeados de anjos de Deus. Veio em seguida a multidão dos ímpios, cheios de ira, e atrás uma multidão de anjos maus, compelindo os primeiros para matar os santos. Antes que pudessem, porém, aproximar-se do povo de Deus, os ímpios deveriam primeiro passar por esta multidão de anjos poderosos e santos. Isto seria impossível." (Primeiros Escritos, 283).

10. O que aconteceu com a espada dos ímpios?

"No tempo da angústia fugimos todos das cidades e vilas, mas fomos perseguidos pelos ímpios, os quais entraram nas casas dos santos com espada. Eles ergueram a espada para matar-nos, mas esta quebrou-se, e caiu ao chão tão impotente como palha." (Primeiros Escritos, 34).

CONCLUSÃO

11. O que Deus não consentiria?

"Deus não consentiria que os ímpios destruíssem aqueles que estavam esperando pela sua trasladação, e que se não encurvariam ao decreto da besta nem receberiam o seu sinal." (Primeiros Escritos, 284).

12. Quem visitará os justos na prisão?

"Ainda que os inimigos os lancem nas prisões, as paredes do calabouço não podem interceptar a comunicação entre sua alma e Cristo. Aquele que vê todas as suas fraquezas, e sabe de toda provação, está acima de todo o poder terrestre; e anjos virão a eles nas celas solitárias, trazendo luz e paz do Céu. A prisão será como um palácio; pois os ricos na fé morarão ali, e as paredes sombrias serão iluminadas com a luz celestial." (O Grande Conflito, 627).

17
Êxodo das Cidades

INTRODUÇÃO

1. O que acontecerá com muitos antes do conflito final?

"Antes do conflito final, muitos serão encarcerados, muitos fugirão das cidades e vilas para salvar a vida, e muitos serão mártires por amor a Cristo, colocando-se em defesa da verdade." (III Mensagens Escolhidas, 397).

2. Em que tempo fugimos todos das cidades?

"No tempo da angústia fugimos todos das cidades e vilas, mas fomos perseguidos pelos ímpios, os quais entraram nas casas dos santos com espada. Eles ergueram a espada para matar-nos, mas esta quebrou-se, e caiu ao chão tão impotente como palha." (Primeiros Escritos, 34).

REFÚGIO EM LUGARES DESOLADOS

3. Onde seremos forçados a buscar refúgio?

"Não vem muito distante o tempo em que, como os antigos discípulos, seremos forçados a buscar refúgio em lugares desolados e solitários." (II Testemunhos Seletos, 166).

4. O que nos servirá de advertência para deixar as grandes cidades?

"Como o cerco de Jerusalém pelos exércitos romanos era o sinal de fuga para os cristãos judeus, assim o arrogar-se nossa nação o poder no decreto que torna obrigatório o dia de repouso papal será uma advertência para nós. Será então tempo de deixar as grandes cidades, passo preparatório ao sair das menores para lares retirados em lugares solitários entre as montanhas." (II Testemunhos Seletos, 166).

5. Onde o povo de Deus habitará em grupos?

"Quando o decreto promulgado pelos vários governantes da cristandade contra os observadores dos mandamentos lhes retirar a proteção do governo, abandonando-os aos que lhes desejam a destruição, o povo de Deus fugirá das cidades e vilas e reunir-se-á em grupos, habitando nos lugares mais desertos e solitários." (O Grande Conflito, 626).

6. Onde muitos encontrarão refúgio?

"Muitos encontrarão refúgio na fortaleza das montanhas. Muitos, porém, de todas as nações, e de todas as classes, elevadas e humildes, ricos e pobres, pretos e brancos, serão arrojados na escravidão mais injusta e cruel." (O Grande Conflito, 626).

PÃO E ÁGUA SERÃO CERTOS

7. Que promessa é dada ao obediente?

"Na última grande batalha do conflito com Satanás, os que são leais a Deus hão de se ver privados de todo apoio terreno. Por se recusarem a violar-Lhe a lei em obediência a poderes terrestres, ser-lhes-á proibido comprar ou vender. Será afinal decretada a morte deles. Ao obediente, porém, é dada a promessa: 'Este habitará nas alturas; as fortalezas das rochas serão a seu alto refúgio, o seu pão lhe será dado, as suas águas serão certas' Isaías 33:16." (O Desejados de Todas as Nações, 86).

8. O que serão certos nesse tempo?

"Será para nós então tempo de confiar inteiramente em Deus, e Ele nos sustentará. Vi que nosso pão e nossa água serão certos nesse tempo, e que não teremos falta nem padeceremos fome, pois Deus é capaz de estender para nós uma mesa no deserto." (Eventos Finais, 264).

9. Quem proverá alimento para os santos?

"Vi que havia um tempo de angústia diante de nós, em que premente necessidade compelirá o povo de Deus a viver de pão e água. No tempo de angústia ninguém se afadigará com as mãos. Seus sofrimentos serão mentais, e Deus proverá alimento para eles." (Manuscrito 2, 1858).

10. O que foi prometido aos remanescentes no tempo de angústia?

"Pão e água é tudo o que foi prometido aos remanescentes no tempo de angústia." (História da Redenção, 129).

CONCLUSÃO

11. O que os santos fizeram?

"Vi os santos deixarem as cidades, e vilas, reunirem-se em grupos e viverem nos lugares mais solitários da Terra. Anjos lhes proviam alimento e água, enquanto os ímpios estavam a sofrer de fome e sede." (Primeiros Escritos, 282.).

12. Quem protegia os santos?

"Ao deixarem os santos as cidades e vilas, eram perseguidos pelos ímpios, que os procuravam matar. Mas as espadas que se levantavam para matar o povo de Deus, quebravam-se e caíam tão impotentes como uma palha. Anjos de Deus protegiam os santos." (Primeiros Escritos, 284).

18
Duas Classes de Pessoas

INTRODUÇÃO

1. Que espírito está embebendo as igrejas protestantes?

"É o espírito do papado - espírito de conformidade com os costumes mundanos, com a veneração das tradições humanas acima dos mandamentos de Deus - que está embebendo as igrejas protestantes e levando-as a fazer a mesma obra de exaltação do domingo, a qual antes delas fez o papado." (O Grande Conflito, 573).

A LINHA DIVISÓRIA

2. Que linha é o sábado?

"O sábado é a grande questão decisiva. Ele é a linha de separação entre os leais e sinceros e os desleais e transgressores." (Manuscrito 34, 1897).

3. Entre o que é o grande conflito?

"É aqui que está a linha divisória entre os que adoram a Deus e os que adoram a besta e recebem seu sinal. O grande conflito é entre os mandamentos de Deus e as exigências da besta." (A Igreja Remanescente, 65).

4. Como se distinguirão os adoradores de Deus?

"Enquanto os adoradores de Deus se distinguirão especialmente pelo respeito ao quarto mandamento - dado o fato de ser este o sinal de Seu poder criador, e testemunha de

Seu direito à reverência e homenagem do homem - os adoradores da besta salientar-se-ão por seus esforços para derribar o monumento do Criador e exaltar a instituição de Roma". (O Grande Conflito, 446).

5. O que está sendo traçada?

"Está sendo traçada uma linha de distinção entre os filhos da obediência e os filhos da desobediência, os leais e verdadeiros e os desleais e infiéis." (II Mensagens Escolhidas, 107).

6. Quem receberá o selo de Deus?

"Todos os que demonstrarem sua lealdade a Deus observando Sua lei e recusando aceitar um sábado espúrio, colocar-se-ão sob o estandarte do Senhor Deus Jeová e receberão o selo do Deus vivo. Os que renunciam a verdade de origem celestial e aceitam o domingo como sábado, receberão o sinal da besta." (Carta G-11, 1890).

SOMENTE DUAS CLASSES

7. Quais são os dois grandes partidos que se desenvolvem?

"Dois grandes partidos se desenvolvem - os adoradores da besta e sua imagem, e os adoradores do Deus vivo e verdadeiro." (II Mensagens Escolhidas, 107).

8. Que duas classes se desenvolverão?

"No desfecho dessa grande controvérsia, duas classes distintas e opostas se desenvolverão. Se uma classe 'adorar a besta e a sua imagem, e receber o sinal', traz sobre si mesma os terríveis juízos anunciados pelo terceiro anjo. A outra classe, em marcante contraste com o mundo, guarda 'os mandamentos de Deus e a fé de Jesus'." (História da Redenção, 383).

9. Em que duas classes estarão divididas a cristandade?

"No desfecho desta controvérsia, toda a cristandade estará dividida em duas grandes classes - os que guardam os mandamentos de Deus e a fé de Jesus, e os que adoram a besta e sua imagem, e recebem o seu sinal." (O Grande Conflito, 450).

10. Quantas classes somente poderá haver?

"Só poderá haver duas classes. Cada participante é assinalado distintamente, ou com o selo do Deus vivo, ou com o sinal da besta ou de sua imagem." (Review and Herald, 30 de janeiro de 1900).

CONCLUSÃO

11. Quando Deus levantar-Se-á em Seu poder?

"Quando houver sido feita a última decisão, quando todos houverem tomado partido, ou em favor de Cristo e dos mandamentos, ou em favor do grande apóstata Deus levantar-Se-á em Seu poder, e para sempre será tapada a boca aos que blasfemaram contra Ele. Todo poder oponente receberá a sua punição." (Carta P-28, 1900).

12. O que todos serão chamados a escolher?

"Todos serão chamados a escolher entre a lei divina e as humanas. Aí se traçara a linha divisória. Não existirão senão duas classes. Todo caráter será plenamente desenvolvido; e todos mostrarão se escolheram o lado da lealdade ou o da rebelião. Então virá o fim." (O Desejado de Todas as Nações, 569).

19
O Perigo dos Sindicatos

INTRODUÇÃO

1. Quem será um dos instrumentos que trará um tempo de angústia?

"Os sindicatos serão um dos instrumentos que trarão sobre a Terra um tempo de angústia tal como nunca houve desde o princípio do mundo." (II Mensagens Escolhidas, 142).

2. Em que malhas os sindicatos envolverão os homens?

"A obra do povo de Deus é preparar-se para os acontecimentos futuros, que logo lhes sobrevirão com força assombrosa. Formar-se-ão no mundo gigantescos monopólios. Os homens se unirão em sindicatos que os envolverão nas malhas do inimigo." (Carta 26, 1903).

MEIOS DUVIDOSOS

3. Quem estabeleceu o seu reino neste mundo?

"Expulso do Céu, Satanás estabeleceu o seu reino neste mundo, e desde aquele tempo tem lutado incansavelmente para afastar os seres humanos da lealdade a Deus. Usa o mesmo poder de que se serviu no Céu - a influência da mente sobre a mente. Os homens tonam-se tentadores dos semelhantes. Acariciam os fortes, corruptores sentimentos de Satanás, e exercem um poder dominante, coercivo. Sob a influência desses sentimentos, os homens ligam-se entre si, formando confederações, em sindicatos e em sociedades secretas. Há em operação no mundo forças que Deus não tolerará por muito tempo mais." (Carta 114, 1903).

4. Que poder será muito opressivo?

"Bem depressa se aproxima o tempo em que o poder controlador dos sindicatos será muito opressivo." (II Mensagens Escolhidas, 141).

5. O que se formarão?

"Alguns homens combinarão segurar todos os meios que se possam obter em certos ramos de negócio. Formar-se-ão sindicatos, e os que a eles se recusam unir serão homens marcados." (II Mensagens Escolhidas, 142).

6. Quando não podemos colocar-nos sobre a elevada e santa plataforma da verdade eterna?

"Se continuarmos a nos vincular ao mundo e a encarar toda questão de um ponto de vista mundano tornar-nos-emos como o mundo. Quando métodos e ideias mundanos governam nossas transações, não podemos colocar-nos sobre a elevada e santa plataforma da verdade eterna." (IV The Seventh-day Adventist Bible Commentary, 1.142).

PROIBIÇÃO DE ASSOCIAR A SINDICATOS

7. Em que duas coisas não devemos nos associar?

"Devemos empregar agora toda a capacidade que nos foi confiada, no sentido de transmitir para o mundo a grande mensagem de advertência. Nessa obra, cumpre-nos preservar a individualidade. Não nos devemos associar a sociedades secretas nem a sindicatos trabalhistas. Devemos permanecer livres perante Deus, à espera constante de instruções de Cristo. Todos os nossos atos deverão ser exercidos com a convicção da importância da obra a ser feita para Deus." (III Testemunhos Seletos, 115).

8. Qual é o nosso dever?

"Durante anos me foi ministrada revelação especial acerca do nosso dever de não centralizar a nossa obra nas cidades. A agitação e confusão que enchem essas cidades, as condições que nelas criam os sindicatos trabalhistas e as greves, tonar-se-ão grande desvantagem para a nossa obra." (III Testemunhos Seletos, 115).

9. Em razão do que as condições da vida nas cidades estão se tornando cada vez mais difíceis?

"Em razão de monopólios, sindicatos e greves, as condições da vida nas cidades estão-se tornando cada vez mais difíceis. Sérias aflições encontram-se perante nós; e sair das cidades se tornará uma necessidade para muitas famílias." (A Ciência do Bom Viver, 364).

10. O que os homens buscam conseguir?

"Buscam os homens conseguir que os elementos empenhados em diferentes profissões se filiem a certos sindicatos. Esse não é o plano de Deus, mas de um poder que não devemos jamais reconhecer. A Palavra de Deus se está cumprindo; estão-se os ímpios ajuntando em molhos, prontos para serem queimados." (III Testemunhos Seletos, 115).

CONCLUSÃO

11. O que são uma armadilha?

"Os sindicatos e confederações do mundo são uma armadilha. Conservai-vos fora, e longe deles, irmãos. Nada tenhais a ver com eles. Por causa dessas uniões e confederações, logo será muito difícil nossas instituições levarem avante seu trabalho nas cidades." (Vida no Campo, 16).

12. Em que os ímpios estão sendo atados em feixes?

"Os ímpios estão sendo atados em feixes, atados em conglomerados comerciais, em sindicatos, em confederações. Não devemos ter nada que ver com essas organizações. Deus é o nosso Soberano, o nosso Governador, e Ele nos convida a sair e separar-nos do mundo." (IV The Seventh-day Adventist Bible Commentary, 1.142).

20
A Besta e a Sua Imagem

INTRODUÇÃO

1. O que representada pela primeira besta? O que representa a imagem da besta?

"Pela primeira besta é representada a Igreja de Roma, uma organização eclesiástica revestida de poder civil, tendo autoridade para punir todos os dissidentes. A imagem da besta representa outra corporação religiosa revestida de poder semelhante." (História da Redenção. 381).

2. Que duas organizações serão adoradas com a imposição do domingo?

"Quando, porém, a observância do domingo for imposta por lei, e o mundo for esclarecido relativamente à obrigação do verdadeiro sábado, quem então transgredir o mandamento de Deus para obedecer a um preceito que não tem maior autoridade que a de Roma, honrará desta maneira o papado mais do que a Deus. Prestará homenagem a Roma, ao poder que impõe a instituição que Roma ordenou. Adorará a besta e a sua imagem." (Eventos Finais, 226).

PERIGO DE ADORAR A BESTA E SUA IMAGEM

3. Que terrível advertência é proferida contra a besta e sua imagem?

"Em contraste com os que guardam os mandamentos de Deus e tem a fé de Jesus, o terceiro anjo indica outra classe, contra a cujos erros profere solene e terrível advertência: 'Se alguém adorar a besta, e a sua imagem, e receber o sinal na sua testa, ou na sua mão, também o tal beberá do vinho da ira de Deus' Apocalipse 14:9-10." (O Grande Conflito, 438).

4. Qual é o característico especial da besta e de sua imagem?

"O característico especial da besta, e, portanto, de sua imagem, é a violação dos mandamentos de Deus." (O Grande Conflito, 446).

5. Para quem aguarda o castigo de Deus?

"O conflito que se estabelece é entre as reivindicações de Deus e as exigências da besta. O primeiro dia da semana, que é uma instituição papal, e contradiz diretamente o quarto mandamento, deverá ainda ser convertido em pedra de toque pela segunda besta. Então será proclamada a tremenda advertência da parte de Deus, anunciando o castigo que aguarda os que adoram a besta e sua imagem. Estes beberão do vinho da ira de Deus, não misturado no cálice da Sua ira." (I Testemunhos Seletos, 79).

6. Sobre quem será derramada a ira de Deus?

"Quando Cristo cessar de interceder no santuário, será derramada a ira que, sem mistura, se ameaçara fazer cair sobre os que adoram a besta e sua imagem, e recebem o seu sinal." (Maranata! - Meditação Matinal, 265).

UM REMANESCENTE FIEL

7. O que João contempla?

"João contempla um povo diferente e separado do mundo, que se recusa a adorar a besta ou a sua imagem, que tem sobre si o sinal de Deus, que santifica o Seu sábado - o sétimo dia que deve ser santificado como um memorial do Deus vivo, Criador do Céu e da Terra. Deles escreve o apóstolo: 'Aqui estão os que guardam os mandamentos de Deus e a fé em Jesus' Apocalipse 14:12." (Carta 98, 1900).

8. A quem o povo de Deus não deve adorar?

"Assim como Deus chamou os filhos de Israel para fora do Egito, para que pudessem guardar Seu sábado, Ele também chama Seu povo para fora de Babilônia, para que não adorem a besta e sua imagem." (III Mensagens Escolhidas, 406).

9. A adoração de quem os homens queriam impor aos santos?

"Outro ser celestial exclamou com voz firme e musical: 'Eles vieram de grande tribulação. Andaram na fornalha ardente no mundo, aquecida intensamente pelas paixões e fantasias de homens que queriam impor-lhes a adoração da besta e sua imagem'." (III Mensagens Escolhidas, 429).

10. Sobre quem houve uma grande aclamação de vitória?

"E, quando a interminável bênção foi pronunciada sobre os que haviam honrado a Deus santificando o Seu sábado, houve uma grande aclamação de vitória sobre a besta e sua imagem." (Primeiros Escritos, 286).

CONCLUSÃO

11. Quando os crentes na verdade deveriam ser sustidos por sua fé?

"Se os crentes na verdade não forem sustidos por sua fé nestes dias relativamente pacíficos, que os deterá quando vier a grande prova, e sair o decreto contra todos os que não adorarem a imagem da besta nem receberem na testa ou nas mãos o sinal?" (I Testemunhos Seletos, 498).

12. Que grande decisão deverá ser tomada?

"Em cada caso deverá ser tomada a grande decisão se receberemos o sinal da besta e de sua imagem, ou o selo do Deus vivo. E agora, quando estamos no limiar do mundo eterno, que pode ser de tanto valor para nós como sermos encontrados leais e fiéis ao Deus do Céu?" (Conselhos Sobre Educação, 116).

21
O Espiritismo

INTRODUÇÃO

1. O que não foi resultado de trapaça ou artifício humano?

"As pancadas misteriosas com que o espiritismo moderno se iniciou, não foram resultado de trapaça ou artifício humano, mas obra direta dos anjos maus, que assim introduziam um engano dos mais eficazes para a destruição das almas." (O Grande Conflito, 553).

2. Do que o espiritismo moderno é um reavivamento?

"O espiritismo moderno, repousando sobre a mesma base, não é senão um reavivamento, sob uma nova forma, da feitiçaria e culto aos demônios que Deus condenou e proibiu na antiguidade. Acha-se ele predito nas Escrituras, que declaram que 'nos últimos tempos apostatarão alguns da fé, dando ouvidos a espíritos enganadores, e a doutrinas de demônios' I Timóteo 4:1." (Patriarca e Profetas, 686).

UM PLANO BEM SUCEDIDO

3. Quando o espiritismo atingirá os seus desígnios?

"Satanás tem há muito estado a preparar-se para um esforço final a fim de enganar o mundo. Pouco a pouco ele tem preparado o caminho para a sua obra-mestra de engano: o desenvolvimento do espiritismo. Até agora não conseguiu realizar completamente seus desígnios; mas estes serão atingidos no fim dos últimos tempos." (O Grande Conflito, 561).

4. Qual é a obra-mestra de engano?

"O espiritismo é a obra-mestra do engano. É a mais fascinante e bem-sucedida ilusão de Satanás, calculada para atrair a simpatia dos que tiveram de levar seus queridos à tumba." (Signs of the Times, 26 de agosto de 1889).

5. Como Satanás aparece por meio do Espiritismo?

"Por meio do espiritismo Satanás aparece como benfeitor da humanidade, curando as doenças do povo e pretendendo apresentar um novo e mais elevado sistema de fé religiosa; ao mesmo tempo, porém, ele opera como destruidor." (Conselhos Sobre Saúde, 460).

A INCREDULIDADE DE ALGUNS

6. O que está prestes a cativar o mundo?

"O espiritismo está prestes a cativar o mundo. Muitos há que julgam ser o espiritismo mantido por truques e imposturas, mas isto está longe da verdade. Um poder sobre-humano está operando de várias maneiras, e poucos têm a ideia do que será a manifestação do espiritismo no futuro." (Evangelismo, 603).

7. Em que crença muitos serão enredados?

"Muitos serão enredados pela crença de que o espiritismo seja meramente impostura humana; quando postos em face de manifestações que não podem senão considerar como sobrenaturais, serão enganados e levados a aceitá-las como o grande poder de Deus." (O Grande Conflito, 553).

UMA INFLUÊNCIA FUTURA

8. Que mão os protestantes serão os primeiros a apanhar?

"Os protestantes dos Estados Unidos serão os primeiros a estender as mãos através da voragem para apanhar a mão do espiritismo; estender-se-ão por sobre o abismo para dar mãos ao poder romano; e, sob a influência desta tríplice união, este país seguirá as pegadas de Roma, desprezando os direitos da consciência." (O Grande Conflito, 588).

9. Que erro doutrinário da cristandade lança o fundamento do espiritismo entre cristãos?

"Mediante os dois grandes erros - a imortalidade da alma e a santidade do domingo - Satanás há de enredar o povo em suas malhas. Enquanto o primeiro lança o fundamento do espiritismo, o último cria um laço de simpatia com Roma." (O Grande Conflito, 588).

10. Que ensinos serão aceitos pelas igrejas?

"Sendo os ensinos do espiritismo aceitos pelas igrejas, removem-se as restrições impostas ao coração carnal, e o professar religião se tornará um manto para ocultar a mais vil iniquidade. A crença nas manifestações espiritualistas abre a porta aos espíritos enganadores e doutrinas de demônios, e assim a influência dos anjos maus será sentida nas igrejas." (O Grande Conflito, 603).

CONCLUSÃO

11. Contra quem os espíritos despertarão grande indignação?

"Comunicações por parte dos espíritos declararão que Deus os enviou para convencer de seu erro os que rejeitam o domingo, afirmando que as leis do país deveriam ser obedecidas como a lei de Deus. Lamentarão a grande impiedade no mundo, secundando o testemunho dos ensinadores religiosos de que o estado de aviltamento da moral se deve à profanação do domingo. Grande será a indignação despertada contra todos os que se recusam a aceitar-lhes o testemunho." (O Grande Conflito, 589).

12. O que homens de fé e oração serão constrangidos a fazer?

"Homens de fé e oração serão constrangidos a sair com zelo santo, declarando as palavras que Deus lhes dá. Os pecados de Babilônia serão revelados. Os terríveis resultados da imposição das observâncias da igreja pela autoridade civil, as incursões do espiritismo, os furtivos, mas rápidos progressos do poder papal - tudo será desmascarado." (O Grande Conflito, págs. 606).

22

Movimento Pentecostal

INTRODUÇÃO

1. Que coisas foram mostradas?

"Foram-me mostradas as heresias que irão surgir, as mentiras que prevalecerão, o poder de Satanás para operar milagres - os falsos cristos que aparecerão - que enganarão a maior parte até mesmo do mundo religioso e que, se fosse possível, desencaminhariam os próprios eleitos." (III Mensagens Escolhidas, 114).

2. Sobre que mundo Satanás procurará estender a sua influência?

"Nas igrejas que puder colocar sob seu poder sedutor, fará parecer que a bênção especial de Deus foi derramada; se manifestará o que será considerado como grande interesse religioso. Multidões exultarão de que Deus esteja operando maravilhosamente por elas, quando a obra é de outro espírito. Sob o disfarce religioso, Satanás procurará estender sua influência sobre o mundo cristão." (Reavivamento e seus Resultados, 10).

OS MILAGRES

3. Que maravilhas serão efetuadas nas igrejas?

"Alguns serão tentados a aceitar essas maravilhas como sendo de Deus. Enfermos serão curados à nossa vista. Milagres se efetuarão aos nossos olhos. Estamos nós apercebidos para a prova que nos aguarda quando as mentirosas maravilhas de Satanás forem mais amplamente exibidas?" (I Testemunhos Seletos, 100).

4. Como são realizadas muitas curas nas igrejas?

"Homens, sob a influência de espíritos maus operarão milagres. Eles farão com que as pessoas fiquem doentes mediante lançarem sobre elas encantamentos, removendo-os depois de repente, levando outros a dizerem que a pessoa doente foi miraculosamente curada." (Carta 259, 1903).

5. O que os pentecostais declaravam?

"Eles declaravam que possuíam a verdade, que havia milagres entre eles, que anjos do Céu falavam e andavam com eles, que eram exercidos no meio deles grande poder, sinais e prodígios, e que isso constituía o milênio temporal que haviam aguardado por muito tempo." (II Mensagens Escolhidas, 55).

6. Pelo que o mundo não será convertido?

"O mundo não será convertido pelo dom de línguas, ou pela operação de milagres, mas pela pregação de Cristo crucificado." (Testemunhos Para Ministros, 424).

7. Quem realmente inspira o movimento pentecostal?

"Apresentei meu testemunho, declarando que esses movimentos fanáticos, essa algazarra e ruído, eram inspirados pelo espírito de Satanás, que operava milagres para enganar se possível os próprios eleitos." (Carta 132, 1900).

ADVERTÊNCIA

8. Por que não podemos trabalhar na base de milagres?

"A maneira em que Cristo operava era pregar a Palavra e aliviar o sofrimento por meio de operações miraculosas de cura. Foi-me dito, entretanto, que não podemos agora trabalhar dessa maneira; pois Satanás exercerá o seu poder de operar milagres. Os servos de Deus não podem hoje trabalhar por meio de milagres, pois operações espúrias de cura, dizendo-se divinas, serão realizadas." (Medicina e Salvação, 14).

9. Por que Satanás operará seus milagres nas igrejas?

"Satanás operará seus milagres para enganar; estabelecerá seu poder como supremo. A igreja talvez pareça como prestes a cair, mas não cairá. Ela permanece, ao passo que os pecadores de Sião serão lançados fora no joeiramento - a palha separada do trigo precioso. É esse um transe terrível, não obstante importa que tenha lugar." (Carta 55, 1886).

10. Em que devemos ser versados para não sermos enganados?

"A menos que sejamos versados nas Escrituras, quando esse extraordinário poder satânico de realizar milagres, for manifesto em nosso mundo, poderá acontecer sermos enganados e atribuirmos a Deus os enganos." (Review and Herald, 18 de dezembro de 1888).

CONCLUSÃO

11. O que verificará aquele que toma a operação de milagres como prova de sua fé?

"O homem que torna a operação de milagres a prova de sua fé verificará que Satanás pode, por meio de uma variedade de enganos, efetuar prodígios que parecerão genuínos milagres." (Manuscrito 43, 1907).

12. Quem não encontrará segurança na operação de milagres?

"O povo de Deus não encontrará sua segurança na operação de milagres; pois Satanás imitará os milagres que forem operados." (III Testemunhos Seletos, 284).

23
Babilônia Mística

INTRODUÇÃO

1. Como é simbolicamente representa Babilônia?

"Babilônia é representada por uma mulher - figura que a Bíblia usa como símbolo de igreja, sendo uma mulher virtuosa a igreja pura, e uma mulher desprezível, a igreja apóstata." (O Grande Conflito, 381).

2. O que designa a palavra "Babilônia" nas Escrituras?

"O termo 'Babilônia' é derivado de "Babel" e significa confusão. É empregado nas Escrituras para designar as várias formas de religião falsa ou apóstata." (O Grande Conflito, 381).

CONFUSÃO

3. O que as corporações religiosas professam?

"O termo 'Babilônia' –confusão– pode apropriadamente aplicar-se a estas corporações; todas professam derivar suas doutrinas da Escritura Sagrada, e, no entanto, estão divididas em quase inúmeras seitas, com credos e teorias grandemente contraditórios." (O Grande Conflito, 383).

4. O que é apropriadamente representada pelo termo "Babilônia"?

"A confusão existente entre credos e seitas em conflito uns com os outros, é apropriadamente representada pelo termo 'Babilônia', que a profecia aplica às igrejas amantes do mundo, dos últimos dias." (Patriarcas e Profetas, 124).

FILHAS DE BABILÔNIA

5. O que simbolizam as filhas de Babilônia?

"Declara-se que Babilônia é 'mãe das prostitutas'. Como suas filhas devem ser simbolizadas as igrejas que se apegam às suas doutrinas e tradições, seguindo-lhe o exemplo em sacrificar a verdade e a aprovação de Deus, a fim de estabelecer uma aliança ilícita com o mundo." (O Grande Conflito, 382).

6. A quem deve aplicar-se a mensagem da queda de Babilônia?

"A mensagem de Apocalipse 14, anunciando a queda de Babilônia, deve aplicar-se às organizações religiosas que se corromperam. Visto que esta mensagem se segue à advertência acerca do juízo, deve ser proclamada nos últimos dias; portanto, não se refere apenas à Igreja de Roma, pois que esta igreja tem estado em condição decaída há muitos séculos." (O Grande Conflito, 383).

O VINHO DE BABILÔNIA

7. O que é o vinho de Babilônia?

"Que é esse vinho? - Suas doutrinas falsas. Ela deu ao mundo um sábado falso em vez do sábado do quarto mandamento, e tem repetido a mentira que Satanás disse no princípio a Eva no Éden - a imortalidade natural da alma. Muitos erros semelhantes a têm propagado por toda parte." (II Mensagens Escolhidas, 118).

8. Quais são os exemplos do vinho de Babilônia?

"Babilônia tem fomentado doutrinas venenosas, o vinho do erro. Esse vinho do erro constitui-se de falsas doutrinas, como a imortalidade natural da alma, o tormento eterno dos ímpios, a negação da preexistência de Cristo antes de Seu nascimento em Belém, e a defesa e exaltação do primeiro dia da semana acima do santificado e santo dia de Deus. Estes e outros erros congêneres são apresentados ao mundo pelas várias igrejas." (Evangelismo, 365).

9. O que convertem a igreja em Babilônia?

"O vinho de Babilônia é a exaltação do falso dia de repouso acima do sábado que o Senhor Jeová abençoou e santificou para uso do homem, [e] também a imortalidade da alma. Essas heresias afins, e a rejeição da verdade, convertem a igreja em Babilônia." (II Mensagens Escolhidas, 68).

10. O que Babilônia fará com o seu vinho?

"Babilônia fará que todas as nações bebam do vinho da ira de sua prostituição. Toda nação será envolvida." (III Mensagens Escolhidas, 392).

CONCLUSÃO

11. O que serão revelados?

"Homens de fé e oração serão constrangidos a sair com zelo santo, declarando as palavras que Deus lhes dá. Os pecados de Babilônia serão revelados. Os terríveis resultados da imposição das observâncias da igreja pela autoridade civil, as incursões do espiritismo, os furtivos, mas rápidos progressos do poder papal - tudo será desmascarado." (Eventos Finais, 199).

12. Que testemunho milhares ouvirão com espanto?

"Milhares de milhares que nunca ouviram palavras como essas, escutá-las-ão. Com espanto ouvirão o testemunho de que Babilônia é a igreja, caída por causa de seus erros e pecados, por causa de sua rejeição da verdade, enviada do Céu a ela." (Evangelismo, 43).

24
Chamado Para Sair de Babilônia

INTRODUÇÃO

1. Quem ainda deve estar em Babilônia?

"No capítulo dezoito do Apocalipse, o povo de Deus é convidado a sair de Babilônia. De acordo com esta passagem, muitos do povo de Deus ainda devem estar em Babilônia." (Eventos Finais, 197).

2. Onde se encontram a grande massa dos verdadeiros seguidores de Cristo?

"Apesar das trevas espirituais e afastamento de Deus prevalecente nas igrejas que constituem Babilônia, a grande massa dos verdadeiros seguidores de Cristo encontra-se ainda em sua comunhão. Muitos deles há que nunca souberam das verdades especiais para este tempo." (O Grande Conflito, 390).

RAZÃO DO CHAMADO

3. Antes do que o povo em Babilônia será chamado a sair?

"Deus ainda tem um povo em Babilônia; e, antes de sobrevirem Seus juízos, esses fiéis devem ser chamados a sair, para que não sejam participantes dos seus pecados e não incorram nas suas pragas." (Maranata! - Meditação Matinal, 169).

4. Por que Deus chama Seu povo para sair de Babilônia?

"Assim corno Deus chamou os filhos de Israel para fora do Egito, a fim de que pudessem guardar o Seu sábado, Ele chama também o Seu povo para fora de Babilônia, para que não adorem a besta ou sua imagem." (Maranata! - Meditação Matinal, 187).

5. Quem atenderá o chamado divino?

"Quando os que 'não creram a verdade, antes tiveram prazer na iniquidade' (II Tess. 2:12), forem abandonados para que recebam a operação do erro e creiam a mentira, a luz da verdade brilhará então sobre todos os corações que se acham abertos para recebê-la, e os filhos do Senhor que permanecem em Babilônia atenderão ao chamado: 'Sai dela, povo Meu'." (O Grande Conflito, 390).

6. Quem permanecerá como troféus da graça divina na nova Terra?

"Assim os que temem a Deus hoje estão aceitando a mensagem para retirar-se da Babilônia espiritual, e logo devem permanecer como troféus da graça divina na Terra renovada, a Canaã celestial." (Profetas e Reis, 715).

A ÚLTIMA ADVERTÊNCIA

7. O que deve ser proclamado segunda vez com grande poder?

"A mensagem do segundo anjo devia ir a babilônia proclamando sua queda e convidando o povo a sair dela. Essa mesma mensagem deve ser proclamada pela segunda vez. 'E, depois destas coisas, vi descer do Céu outro anjo, que tinha grande poder, e a Terra foi iluminada com a sua glória (Apocalipse 18:1).'" (A Igreja Remanescente, 55).

8. Que dois chamados distintos são feitos às igrejas?

"Assim, na última obra para advertência do mundo, dois chamados distintos são feitos às igrejas. A mensagem do segundo anjo é: 'Caiu, caiu Babilônia, aquela grande cidade que a todas as nações deu a beber do vinho da ira da sua prostituição' Apocalipse 14:8. E no alto clamor da mensagem do terceiro anjo ouve-se uma voz do Céu, dizendo: 'Sai dela, povo Meu, para que não sejas participante dos seus pecados, e para que não incorras nas suas pragas' Apocalipse 18:4." (II Mensagens Escolhidas, 118).

9. O que tem sido introduzido nas várias organizações que constituem Babilônia?

"Esta passagem [Apocalipse 18:1-2 e 4] indica um tempo em que o anúncio da queda de Babilônia, conforme foi feito pelo segundo anjo em Apocalipse 14:8, deve repetir-se com a menção adicional das corrupções que têm estado a se introduzir nas várias organizações que constituem Babilônia. Estes anúncios, unindo-se à mensagem do terceiro anjo, constituem a advertência final a ser dada aos habitantes da Terra." (Eventos Finais, 199).

10. A mensagem do segundo anjo é repetida com a menção adicional do que?

"A mensagem da queda de Babilônia, conforme é dada pelo segundo anjo, é repetida com a menção adicional das corrupções que têm entrado nas igrejas desde 1844. A obra desse anjo vem, no tempo devido, unir-se à última grande obra da mensagem do terceiro anjo, ao tomar esta o volume de um alto clamor. E o povo de Deus assim se prepara para estar em pé na hora da tentação que em breve devem enfrentar." (História da Redenção, 399).

CONCLUSÃO

11. O que constituem a advertência final?

"Esta a razão de ser o movimento simbolizado pelo anjo descendo do Céu, iluminando a Terra com sua glória, e clamando fortemente com grande voz, anunciando os pecados de Babilônia. Em relação com a sua mensagem ouve-se a chamada: 'Sai dela, povo Meu'. Estes anúncios, unindo-se à mensagem do terceiro anjo, constituem a advertência final a ser dada aos habitantes da Terra." (O Grande Conflito, 604).

12. Quem ainda em Babilônia será chamado a sair de sua comunhão?

"O capítulo 18 do Apocalipse indica o tempo em que, como resultado da rejeição da tríplice mensagem do capítulo 14:6-12, a igreja terá atingido completamente a condição predita pelo segundo anjo, e o povo de Deus, ainda em Babilônia, será chamado a separar-se de sua comunhão. Esta mensagem é a última que será dada ao mundo, e cumprirá a sua obra." (Eventos Finais, 199).

25

Queda de Babilônia

INTRODUÇÃO

1. O que será posto em operação?

"Depois de a verdade ter sido proclamada para testemunho a todas as nações, será posto em operação todo concebível poder do mal, e as mentes serão confundidas por multas vozes clamando: 'Eis aqui o Cristo; ei-Lo ali. Isto é a verdade. Tenho a mensagem de Deus; Ele enviou-me com grande luz'." (Maranata! - Meditação Matinal, 187).

2. O que serão removidos?

"Serão removidos então os marcos, e far-se-á uma tentativa para demolir as colunas de nossa fé. Será feito o mais decidido esforço para exaltar o falso sábado e lançar desprezo sobre o próprio Deus, substituindo o dia que Ele abençoou e santificou." (Maranata! - Meditação Matinal, 187).

PODER PERSEGUIDOR

3. Do que as igrejas caíram?

"As igrejas que são representadas por Babilônia, são apresentadas como tendo caído de seu estado espiritual para se tornarem um poder perseguidor contra os que guardam os mandamentos de Deus e têm o testemunho de Jesus Cristo." (Testemunhos Para Ministros, 117).

4. Quem nada mais tem a temer?

"Os mestres da iniquidade no mundo se tornaram fortes e terríveis sob o domínio de Satanás, mas poderoso é o Senhor Deus que julga Babilônia. Os justos nada mais têm que temer da força ou da fraude enquanto forem leais e fiéis. Alguém mais poderoso do que o forte homem armado constitui sua defesa." (III Mensagens Escolhidas, 429).

PECADO DE BABILÔNIA

5. Qual é o grande pecado imputado a Babilônia?

"O grande pecado imputado a Babilônia é que 'a todas as nações deu a beber do vinho da ira da sua prostituição'. Esta taça de veneno que ela oferece ao mundo representa as falsas doutrinas que aceitou, resultantes da união ilícita com os poderosos da Terra. A amizade mundana corrompe-lhe a fé, e por seu turno a igreja exerce uma influência corruptora sobre o mundo, ensinando doutrinas que se opõem às mais claras instruções das Sagradas Escrituras." (O Grande Conflito, 388).

6. Quem se levanta quando ensinadores fiéis expõem a Palavra de Deus?

"Quando ensinadores fiéis expõem a Palavra de Deus, levantam-se homens de saber, pastores que professam compreender as Escrituras, e denunciam a doutrina sã como heresia, desviando assim os inquiridores da verdade. Não fosse o caso de se achar o mundo fatalmente embriagado com o vinho de Babilônia, e multidões seriam convencidas e convertidas pelas verdades claras e penetrantes da Palavra de Deus. Mas, a fé religiosa parece tão confusa e discordante que o povo não sabe o que crer como verdade." (O Grande Conflito, 389).

7. Qual é uma das falsas doutrinas que constituem o vinho de Babilônia?

"A teoria do tormento eterno é uma das falsas doutrinas que constituem o vinho das abominações de Babilônia, do qual ela faz todas as nações beberem. Apocalipse 14:8; 17:2. Que ministros de Cristo hajam aceito esta heresia e a tenham proclamado do púlpito sagrado, é na verdade um mistério. Eles a receberam de Roma, assim como receberam o falso sábado. É verdade que tem sido ensinada por homens eminentes e piedosos; mas a luz sobre tal assunto não lhes chegou como a nós. Eram responsáveis apenas pela luz que resplandecia em seu tempo; nós o somos pela que brilha em nossa época." (O Grande Conflito, 536).

CONDENAÇÃO DE BABILÔNIA

8. Quem é a Babilônia que caiu?

"Todo o capítulo mostra que a Babilônia que caiu são as igrejas que não vão receber as mensagens de advertência que o Senhor deu na primeira, segunda e terceira mensagens angélicas. Elas recusaram a verdade e aceitaram uma mentira." (II Mensagens Escolhidas, 68).

9. O que ainda está no futuro?

"A queda de Babilônia se completará quando esta condição for atingida, e a união da igreja com o mundo se tenha consumado em toda a cristandade. A mudança é gradual, e o cumprimento perfeito de Apocalipse 14:8 está ainda no futuro." (O Grande Conflito, 390).

10. Sobre quem cairão os juízo de Deus?

"A Palavra de Deus é invalidada por falsos pastores. Em breve sua obra recairá sobre si mesmos. Então serão testemunhadas as cenas descritas em Apocalipse 18, em que os juízos de Deus cairão sobre a Babilônia mística." (Manuscrito 60, 1900).

CONCLUSÃO

11. O que há nas igrejas caídas?

"Há nas igrejas caídas homens e mulheres tementes a Deus. Se assim não fosse, não seríamos incumbidos de proclamar a mensagem: 'Caiu! Caiu a grande Babilônia. Sai dela, povo Meu' Apocalipse 18:2 e 4." (Obreiros Evangélicos, 347).

12. O que Deus acrescentará às fileiras de Seu povo?

"Deus acrescentará às fileiras de Seu povo homens de habilidade e influência que hão de desempenhar sua parte em advertir o mundo." (Obreiros Evangélicos, 347).

26
O Sinal da Besta

INTRODUÇÃO

1. O que todos deveriam aprender?

"Os terríveis juízos pronunciados contra o culto à besta e sua imagem (Apocalipse 14:9-11), deveriam levar todos a diligente estudo das profecias para aprenderem o que é o sinal da besta, e como devem evitar recebê-lo. As massas populares, porém, cerram os ouvidos à verdade, volvendo às fábulas." (O Grande Conflito, 594).

2. Qual é o sinal de fidelidade para com Roma?

"Ao rejeitarem os homens a instituição que Deus declarou ser o sinal de Sua autoridade, e honrarem em seu lugar a que Roma escolheu como sinal de sua supremacia, aceitarão, de fato, o sinal de fidelidade para com Roma – o sinal da besta." (Maranata! - Meditação Matinal, 167).

DOMINGO: O SINAL DA BESTA

3. O que é o sinal da besta?

"João foi convidado a contemplar um povo distinto dos que adoram a besta ou a sua imagem observando o primeiro dia da semana. A observância desse dia é o sinal da besta." (Testem. Ministros e Obreiros Evangélicos, 133).

4. O que é o sinal da besta?

"O sinal da besta é o dia de repouso papal." (Evangelismo, 234).

5. O que é a marca da besta?

"Quando vier a prova, será mostrado claramente o que é a marca da besta. Ela é a observância do domingo." (VII The Seventh-day Adventist Bible Commentary, 980).

6. O que é exatamente o que tem sido proclamado?

"O sinal da besta é exatamente o que tem sido proclamado. Nem tudo que se refere a este assunto é compreendido; nem compreendido será até que tenha sido completamente aberto o rolo do livro." (II Testemunhos Seletos, 371).

UM GRANDE CONFLITO

7. O que nos será recomendada com insistência?

"A marca da besta nos será recomendada com insistência. Os que, passo a passo, cederam às exigências do mundo e se sujeitaram a costumes mundanos não acharão difícil submeter-se aos poderes dominantes, de preferência a expor-se a escárnios, insultos." (Eventos Finais, 173).

8. Quem somente poderá comprar ou vender?

"Tempo virá em que de modo algum poderemos vender. Logo sairá o decreto proibindo os homens de comprar ou vender a qualquer pessoa senão aos que tenham o sinal da besta." (II Testemunhos Seletos, 44).

CARÁTER UNIVERSAL DO SINAL

9. O que será apresentado a toda instituição?

"Estai certos de que o sábado é uma questão de prova, e a maneira como tratais esta questão vos coloca do lado de Deus ou do lado de Satanás. O sinal da besta será apresentado nalguma forma a toda instituição e a todo indivíduo." (III Mensagens Escolhidas, 396).

10. O que se estenderá a todo o mundo?

"A todas as nações, línguas e povos se ordenará que venerem esse sábado espúrio. O decreto impondo a veneração desse dia se estenderá a todo o mundo." (Eventos Finais, 135).

CONCLUSÃO

11. O que a igreja apóstata colocará sobre a fronte ou mão?

"A igreja apóstata unir-se-á com o poder da Terra e do inferno, para colocar o sinal da besta sobre a fronte ou sobre a mão, e persuadir os filhos de Deus a adorar a besta e sua imagem. Eles procurarão compeli-los a renunciarem sua lealdade à lei de Deus e a prestarem homenagem ao papado." (Review and Herald, 08-11-1892).

12. Sobre quem será posto o sinal do libertamento?

"O Juiz de toda a Terra Se levantará em breve para vindicar Sua autoridade insultada. O sinal do libertamento será posto naqueles que guardam os mandamentos de Deus, reverenciam Sua lei e se recusam a aceitar o sinal da besta ou da sua imagem." (II Testemunhos Seletos, 151).

27
Aplicação do Sinal da Besta

INTRODUÇÃO

1. O que fará fortalecer as perseguições?

"Desafiar as leis dominicais não fará senão fortalecer em suas perseguições os fanáticos religiosos que as buscam impor. Não lhes deis ocasião alguma de vos chamarem violadores da lei." (Eventos Finais, 140).

2. O que não é receber o sinal da besta?

"Abster-se de trabalhar no domingo não é receber o sinal da besta. Nos lugares em que a oposição é tão forte que suscite perseguição, se for efetuado algum trabalho no domingo, que nossos irmãos façam desse dia uma ocasião para realizar genuíno trabalho missionário." (The Southern Work, págs. 69 e 70).

NINGUÉM RECEBEU O SINAL DA BESTA

3. Quando a observância do domingo será o sinal da besta?

"A observância do domingo ainda não é o sinal da besta, e não o será até que saia o decreto induzindo os homens a adorar este sábado idólatra. Chegará o tempo em que esse dia será a prova, mas esse tempo ainda não chegou." (Maranata! - Meditação Matinal, 209).

4. Quem recebeu até agora o sinal da besta?

"Ninguém recebeu até agora o sinal da besta. Ainda não chegou o tempo de prova. Há cristãos verdadeiros em todas as igrejas, inclusive a comunidade católico-romana." (Evangelismo, 234).

QUEM RECEBERÁ O SINAL DA BESTA

5. O que cada um receberá?

"Mas ninguém deverá sofrer a ira de Deus antes que a verdade se lhe tenha apresentado ao espírito e consciência, e haja sido rejeitada. Há muitos que nunca tiveram oportunidade de ouvir as verdades especiais para este tempo. A obrigatoriedade do quarto mandamento nunca lhes foi apresentada em sua verdadeira luz. Aquele que lê todos os corações e prova todos os intuitos, não deixará que pessoa alguma que deseje o conhecimento da verdade seja enganada quanto ao desfecho da controvérsia. O decreto não será imposto ao povo cegamente. Cada qual receberá esclarecimento bastante para fazer inteligentemente a sua decisão." (O Grande Conflito, 605).

6. Quem receberá o sinal da besta?

"Se a iluminação da verdade vos foi apresentada, revelando o sábado do quarto mandamento, e mostrando que não há na Palavra de Deus fundamento para a observância do domingo, e não obstante vos apegais ao falso dia de repouso, recusando santificar o sábado a que Deus chama 'Meu santo dia' (Isa. 58:13), recebeis o sinal da besta. Quando ocorre isso? Ao obedecerdes ao decreto que vos ordena deixar de trabalhar no domingo e adorar a Deus, conquanto saibais que não existe na Bíblia uma única palavra que mostre não passar o domingo de um dia comum de trabalho, consentis em receber o sinal da besta, e rejeitais o selo de Deus." (Review and Herald, 13 de julho de 1897).

7. Quem receberá o sinal da besta?

"Ninguém é condenado sem que haja recebido iluminação e se compenetrado da obrigatoriedade do quarto mandamento. Mas quando for expedido o decreto que impõe o sábado espúrio, e o alto clamor do terceiro anjo advertir os homens contra a adoração da besta e de sua imagem, será traçada com clareza a linha divisória entre o falso e o verdadeiro. Então os que ainda persistirem na transgressão receberão o sinal da besta." (Evangelismo, 234).

8. Quem hão de receber o sinal da besta

"Ao rejeitarem os homens a instituição que Deus declarou ser o sinal de Sua autoridade, e honrarem em seu lugar a que Roma escolheu como sinal de sua supremacia, aceitarão, de fato, o sinal de fidelidade para com Roma - o sinal da besta. E somente depois que esta situação esteja assim plenamente exposta perante o povo, e este seja levado a optar entre os mandamentos de Deus e os dos homens, é que, então, aqueles que continuam a transgredir hão de receber 'o sinal da besta'." (Maranata! - Meditação Matinal, 167).

9. O que será imposto por lei?

"Quando, porém, a observância do domingo for imposta por lei, e o mundo for esclarecido relativamente à obrigação do verdadeiro sábado, quem então transgredir o mandamento de Deus para obedecer a um preceito que não tem maior autoridade que a de Roma, honrará desta maneira o papado mais do que a Deus. Prestará homenagem a Roma, ao poder que impõe a instituição que Roma ordenou. Adorará a besta e a sua imagem." (Eventos Finais, 226).

10. Quem receberá o sinal da besta?

"Os que, na grande crise que está perante nós, depois de receberem iluminação no tocante à lei de Deus, prosseguem desobedecendo e exaltando as leis humanas acima da de Deus, receberão o sinal da besta." (Carta 98, 1900).

CONCLUSÃO

11. O que é o sinal da besta?

"Os que, compreendendo os reclamos do quarto mandamento, preferem observar o falso dia de repouso em lugar do verdadeiro, estão com isso prestando homenagem à única autoridade que o ordena. O sinal da besta é o dia de repouso papal, aceito pelo mundo em substituição ao dia designado por Deus." (Evangelismo, 234).

12. Quem recebe o sinal da besta?

"Esclarecido assim o assunto, quem quer que pise a lei de Deus para obedecer a uma ordenança humana, recebe o sinal da besta; aceita o sinal de submissão ao poder a que prefere obedecer em vez de Deus." (Maranata! - Meditação Matinal, 213).

28
O Selo de Deus

INTRODUÇÃO

1. O que João contempla?

"João contempla um povo diferente e separado do mundo, que se recusa a adorar a besta ou a sua imagem, que tem sobre si o sinal de Deus, que santifica o Seu sábado - o sétimo dia que deve ser santificado como um memorial do Deus vivo, Criador do Céu e da Terra." (Carta 98, 1900).

2. Entre quem haverá um acentuado contraste?

"Há acentuado contraste entre os que têm o selo de Deus e os que adoram a besta e sua imagem. Os fiéis servos do Senhor depararão com a mais acerba perseguição de falsos mestres, que não darão ouvido à Palavra de Deus e prepararão pedras de tropeço a serem colocadas no caminho dos que querem ouvir." (Carta P-28, 1900).

O SELAMENTO

3. O que os olhos misericordiosos de Jesus contemplaram?

"Os olhos misericordiosos de Jesus contemplaram os remanescentes que não estavam selados e, erguendo as mãos ao Pai, alegou que havia derramado Seu sangue por eles. Então outro anjo recebeu ordem para voar velozmente aos outros quatro e mandar-lhes reter os ventos até que os servos de Deus fossem selados na fronte com o selo do Deus vivo." (Primeiros Escritos, 38).

4. O sinal de Deus é algo que possa ser visto?

"Não é algum selo ou sinal que possa ser visto, mas uma consolidação na verdade, tanto intelectual, como espiritualmente, de modo que não possam ser abalados." (Maranata – Meditação Matinal, 198).

CARACTERÍSTICAS DO SELO DE DEUS

5. Qual mandamento contém o selo do grande Legislador?

"De todos os dez preceitos, só o quarto contém o selo do grande Legislador, Criador dos céus e da Terra." (III Testemunhos Seletos, 17).

6. Qual é o único mandamento que contém o selo de Deus?

"O quarto mandamento é o único de todos os dez em que se encontra tanto o nome como o título do Legislador. É o único que mostra pela autoridade de quem é dada a lei. Assim contém o selo de Deus, afixado à Sua lei, como prova da autenticidade e vigência da mesma." (Patriarca e Profetas, 307).

O SÁBADO E O SELO DE DEUS

7. Quem precisa guardar o sábado?

"Os que querem ter o selo de Deus na testa precisam guardar o sábado do quarto mandamento." (VII The Seventh-day Adventist Bible Commentary, 970).

8. O que é revelado na observância do sábado?

"O sinal, ou selo, de Deus é revelado na observância do sábado do sétimo dia - o memorial divino da criação." (III Testemunhos Seletos, 232).

9. Em quem é colocado o selo do Deus vivo?

"O selo do Deus vivo é colocado nos que guardam conscienciosamente o sábado do Senhor." (VII The Seventh-day Adventist Bible Commentary, 980).

CONCLUSÃO

10. Quando os vivos justos receberão o selo de Deus?

"Os vivos justos receberão o selo de Deus antes do fim da graça; também que eles fruirão honras especiais no reino de Deus." (I Mensagens Escolhidas, 66).

11. Quem recebeu selo do Deus vivo?

"O mundo foi submetido à prova final, e todos os que se mostraram fiéis aos preceitos divinos recebem 'o selo do Deus vivo'. Cessa então Jesus de interceder no santuário celestial." (O Grande Conflito, 613).

12. Com o que os santos estarão selados?

"Quando Jesus sair do santuário, os que são santos e justos serão santos e justos ainda; pois todos os seus pecados estarão apagados, e eles selados com o selo do Deus vivo." (Primeiros Escritos, 48).

29
O Caráter dos Selados

INTRODUÇÃO

1. Quem não será selado?

"Nem todos os que professam guardar o sábado serão selados. Muitos há, mesmo entre os que ensinam a verdade a outros, que não receberão na testa o selo de Deus. Tinham a luz da verdade, souberam a vontade de seu Mestre, compreenderam todos os pontos de nossa fé, mas não tiveram as obras correspondentes." (II Testemunhos Seletos, 68).

2. Pelo que muitos serão capacitados a receber o selo de Deus?

"Vi que os que ultimamente têm abraçado a verdade terão que aprender o que é sofrer por amor de Cristo, que terão provas a suportar, provas que serão agudas e cortantes, a fim de que sejam purificados e pelo sofrimento capacitado a receber o selo do Deus vivo, a passar pelo tempo de angústia, ver o Rei em Sua formosura e estar na presença de Deus e de anjos santos, puros." (Primeiros Escritos, 67)

MORNIDÃO DE ALGUNS

3. O que determinará se receberemos ou não o selo de Deus?

"Nossa maneira de proceder determinará se receberemos o selo do Deus vivo, ou seremos abatidos pelas armas destruidoras. Já algumas gotas da ira de Deus caíram sobre a Terra; quando, porém, as sete últimas pragas forem derramadas sem mistura no cálice de Sua indignação, então para sempre será demasiado tarde para o arrependimento e procura de um abrigo. Nenhum sangue expiatório lavará então as manchas do pecado." (II Testemunhos Seletos, 67).

4. Quem será deixado sem o selo de Deus?

"A classe que não se entristece por seu próprio declínio espiritual, nem chora sobre os pecados dos outros, será deixada sem o selo de Deus." (Maranata – Meditação Matinal, 238).

QUEM NÃO RECEBERÁ O SELO DE DEUS

5. Em quem o selo de Deus jamais será colocado?

"O selo de Deus jamais será colocado à testa de um homem ou mulher impuros. Jamais será colocado à testa de um homem ou mulher cobiçosos ou amantes do mundo. Jamais será colocado à testa de homens ou mulheres de língua falsa ou coração enganoso." (II Testemunhos Seletos, 71).

6. Quem jamais receberá o selo de Deus?

"Nenhum de nós jamais receberá o selo de Deus, enquanto o caráter tiver uma nódoa ou mácula sequer. Cumpre-nos remediar os defeitos de caráter, purificar de toda a contaminação o templo da alma. Então a chuva serôdia cairá sobre nós, como caiu a temporã sobre os discípulos no dia de Pentecostes." (II Testemunhos Seletos, 69).

QUEM RECEBERÁ O SELO DE DEUS

7. Quem deve refletir completamente a imagem de Jesus?

"Os que hão de receber o selo do Deus vivo, e ser protegidos, no tempo de angústia, devem refletir completamente a imagem de Jesus." (Primeiros Escritos, 71).

8. Somente sobre quem será colocado o selo de Deus?

"O selo do Deus vivo só será colocado nos que se assemelham a Cristo no caráter." (VII The Seventh-day Adventist Bible Commentary, 970).

9. Quem serão os agraciados que receberão o selo de Deus?

"Os que vencem o mundo, a carne e o diabo, serão os agraciados que receberão o selo do Deus vivo." (Testemunhos Para Ministros, 445).

10. Como devem ser todos os que recebem o selo de Deus?

"Todos os que recebem o selo devem ser imaculados diante de Deus - candidatos para o Céu." (II Testemunhos Seletos, 71).

CONCLUSÃO

11. Somente sobre quem o selo de Deus será colocado?

"O dia da vingança de Deus está precisamente diante de nós. O selo de Deus será colocado somente na testa daqueles que suspiram e clamam por causa das abominações cometidas na Terra. Aqueles que se ligam ao mundo por laços de simpatia estão comendo e bebendo com os ébrios, e certamente serão destruídos com os que praticam a iniquidade." (II Testemunhos Seletos, 67).

12. Sobre o que o povo de Deus suspira?

"O povo de Deus suspira e geme pelas abominações cometidas na Terra. Com lágrimas advertem os ímpios de seu perigo em pisar a pés a lei divina, e com indescritível pesar humilham-se perante o Senhor, por causa de suas próprias transgressões. Enquanto Satanás instava com suas acusações, santos anjos, invisíveis, passavam para cá e para lá, colocando sobre eles o selo do Deus vivo.” (Review and Herald, 23 de janeiro de 1908).

30

O Sinal da Besta e o Selo de Deus

INTRODUÇÃO

1. Onde é revelado o sinal de Deus e o sinal da besta?

"O sinal, ou selo, de Deus é revelado na observância do sábado do sétimo dia - o memorial divino da criação. A marca da besta é o oposto disso - a observância do primeiro dia da semana." (III Testemunhos Seletos, 232).

2. Quem recebe o sinal da besta e quem recebe o selo de Deus?

"Ao passo que uma classe, aceitando o sinal de submissão aos poderes terrestres, recebe o sinal da besta, a outra, preferindo o sinal da obediência à autoridade divina, recebe o selo de Deus." (O Grande Conflito, 605).

O PREPARO

3. Entre quem será traçada uma linha divisória?

"O sábado será a pedra de toque da lealdade; pois é o ponto da verdade especialmente controvertido. Quando sobrevier aos homens a prova final, traçar-se-á a linha divisória entre os que servem a Deus e os que não O servem." (O Grande Conflito, 605).

4. Quem está preparando-se para o sinal da besta? Quem está preparando-se para receber o selo de Deus?

"Os que se estão unindo com o mundo, se amoldando ao modelo mundano, e preparando-se para o sinal da besta. Os que desconfiam do eu, que se humilham diante de Deus, e purificam a alma pela obediência à verdade, estão recebendo o molde divino, e preparando-se receber na fronte o selo de Deus. Quando vir o decreto, e o selo for aplicado, seu caráter permanecerá puro e sem mácula para toda a eternidade." (Maranata! - Meditação Matinal, 238).

5. Quem receberá o selo de Deus e quem receberá o sinal da besta?

"Todos os que demonstrarem sua lealdade a Deus observando Sua lei e recusando aceitar um sábado espúrio, colocar-se-ão sob o estandarte do Senhor Deus Jeová e receberão o selo do Deus vivo. Os que renunciam a verdade de origem celestial e aceitam o domingo como sábado, receberão o sinal da besta." (Carta G-11, 1890).

6. O que recebe quem rejeita o selo de Deus?

"Se a iluminação da verdade vos foi apresentada, revelando o sábado do quarto mandamento, e mostrando que não há na Palavra de Deus fundamento para a observância do domingo, e não obstante vos apegais ao falso dia de repouso, recusando santificar o sábado a que Deus chama 'Meu santo dia' (Isa. 58:13), recebeis o sinal da besta. Quando ocorre isso? Ao obedecerdes ao decreto que vos ordena deixar de trabalhar no domingo e adorar a Deus, conquanto saibais que não existe na Bíblia uma única palavra que mostre não passar o domingo de um dia comum de trabalho, consentis em receber o sinal da besta, e rejeitais o selo de Deus." (Review and Herald, 13 de julho de 1897).

7. Que grande decisão deverá ser tomada?

"Em cada caso deverá ser tomada a grande decisão se receberemos o sinal da besta e de sua imagem, ou o selo do Deus vivo. E agora, quando estamos no limiar do mundo eterno, que pode ser de tanto valor para nós como sermos encontrados leais e fiéis ao Deus do Céu? Que devemos desejar mais do que Sua verdade e Sua lei?" (Conselhos Sobre Educação, 116).

ADVERTÊNCIA AO MUNDO

8. O que muitos jamais compreenderam?

"Muitos existem que jamais compreenderam as reivindicações do sábado bíblico e o falso fundamento sobre o qual repousa a instituição do domingo." (Maranata! - Meditação Matinal, 129).

9 Que advertência deve ser dada ao mundo?

"O mundo e as igrejas estão quebrando a lei de Deus, e se deve dar a advertência: 'Se alguém adorar a besta e a sua imagem e receber o sinal na testa ou na mão, também o tal beberá do vinho da ira de Deus, que se deitou, não misturado, no cálice da Sua ira'. Apocalipse. 14:9-10. Com tal maldição pesando sobre os transgressores do santo sábado de Deus, não deveríamos nós mostrar maior fervor, mais zelo?" (Conselhos Sobre Mordomia, 51).

10. O que o povo de Deus guarda?

"O anjo declarou: 'Aqui está a paciência dos santos: aqui estão os que guardam os mandamentos de Deus e a fé de Jesus.' Apocalipse 14:12. Esta declaração é precedida de uma solene e terrível advertência: 'Se alguém adorar a besta, e a sua imagem, e receber o sinal na sua testa, ou na sua mão, também o tal beberá do vinho da ira de Deus, que se deitou, não misturado, no cálice da Sua ira.' Apocalipse 14:9-10" (História da Redenção, 381).

CONCLUSÃO

11. O que o povo de Deus não receberá?

"Se bem que Igreja e Estado unam seu poder para compelir 'todos, pequenos e grandes, ricos e pobres, livres e servos' (Apocalipse 13:16), a receberem o sinal da besta, todavia o povo de Deus não o receberá. O profeta de Patmos vê 'os que saíram vitoriosos da besta, e da sua imagem, e do seu sinal, e do número do seu nome, que estavam junto ao mar de vidro, e tinham as harpas de Deus e cantavam o cântico de Moisés e do Cordeiro'(Apocalipse 15:2)." (II Mensagens Escolhidas, 55).

12. Quem terá o selo de Deus colocado sobre ele?

"Dentro em pouco todos os que são filhos de Deus terão o Seu selo colocado sobre eles. Oxalá seja ele colocado sobre a nossa fronte! Quem pode suportar o pensamento de ser omitido quando o anjo se puser a selar os servos de Deus em suas frontes?" (Review and Herald, 29-05-1889).

31

O Sábado

INTRODUÇÃO

1. O que o sábado distingue?

"O sábado é sempre o sinal que distingue os obedientes dos desobedientes. Com magistral poder tem Satanás procurado tornar nulo e inútil o quarto mandamento, a fim de que o sinal de Deus seja perdido de vista." (Conselhos Sobre Saúde, 235).

2. O que será a pedra de toque da lealdade?

"O sábado será a pedra de toque da lealdade, pois é o ponto da verdade especialmente controvertido. Quando sobrevier aos homens a prova final, traçar-se-á a linha divisória entre os que servem a Deus e os que não O servem." (Maranata! - Meditação Matinal, 160).

INIMIZADE CONTRA O SÁBADO

3. O que o inimigo da felicidade do homem fez do sábado?

"Durante a dispensação cristã, o grande inimigo da felicidade do homem fez do sábado do quarto mandamento um objeto de ataque especial." (Eventos Finais, 123).

4. Que questão será o ponto controverso no mundo inteiro?

"A questão do sábado será o ponto controverso no grande final conflito em que o mundo inteiro há de ser envolvido." (III Testemunhos Seletos, 19).

5. Que será denunciado como inimigo da lei e da ordem?

"Os que honram o sábado bíblico serão denunciados como inimigos da lei e da ordem, como que a derribar as restrições morais da sociedade, causando anarquia e corrupção, e atraindo os juízos de Deus sobre a Terra." (Eventos Finais, 146).

6. O que acontecerá com alguns?

"Alguns serão encarcerados por se recusarem a profanar o sábado do Senhor." (Eventos Finais, 149).

DECRETO DE MORTE

7. Que decreto sairá?

"Então é que sairá o decreto que proíbe aos que guardam o sábado do Senhor, comprar ou vender, ameaçando-os de punição, e mesmo de morte, se não observarem como dia de descanso o primeiro dia da semana." (Eventos Finais, 257).

8. O que o decreto denunciará contra os que santificam o sábado?

"A ira do homem será especialmente despertada contra os que santificam o sábado do quarto mandamento; e por fim um decreto universal denunciará a estes como dignos de morte." (Profetas e Reis, 512).

9. Contra quem será expedido um decreto?

"Expedir-se-á, por fim, um decreto contra os que santificam o sábado do quarto mandamento, denunciando-os como merecedores do mais severo castigo, e dando ao povo liberdade para, depois de certo tempo, matá-los." (O Grande Conflito, 615).

10. Que ordem era dada no decreto?

"Vi um escrito, exemplares do qual foram espalhados nas diferentes partes da Terra, dando ordens para que se concedesse ao povo liberdade para, depois de certo tempo, matar os santos, a menos que estes renunciassem sua fé peculiar, abandonassem o sábado e guardassem o primeiro dia da semana." (Primeiros Escritos, 282).

CONCLUSÃO

11. O que não está longe?

"Não está longe o tempo quando virá a prova a cada alma. A observância do falso sábado será imposta sobre todos. A controvérsia será entre os mandamentos de Deus e os mandamentos dos homens." (Profetas e Reis, 188).

12. O sábado é uma prova de quem?

"Quem quer que obedeça ao quarto mandamento, verificará que está traçada uma linha divisória entre ele e o mundo. O sábado é uma prova, não uma exigência humana, mas a prova de Deus." (II Testemunhos Seletos, 180).

32
O Domingo

INTRODUÇÃO

1. Contra quem o mundo há de ser excitado à inimizade?

"O mundo todo há de ser excitado à inimizade contra os adventistas do sétimo dia, porque eles não rendem homenagem ao papado, honrando o domingo, instituição desse poder anticristão. É desígnio de Satanás fazer com que eles sejam exterminados da Terra, a fim de que não seja contestada sua supremacia no mundo." (Maranata! - Meditação Matinal, 215).

2. Que firme posição precisamos tomar?

"Precisamos tomar a firme posição de que não reverenciaremos o primeiro dia da semana como o sábado, pois ele não é o dia que foi abençoado e santificado por Jeová, e reverenciando o domingo nós nos colocaríamos ao lado do grande enganador." (Eventos Finais, 133).

ORIGEM DO DOMINGO

3. O que os protestantes hoje insistem?

"Os protestantes hoje insistem em que a ressurreição de Cristo no domingo fê-lo o sábado cristão. Não existe, porém, evidência escriturística para isto. Nenhum honra semelhante foi conferida ao dia por Cristo ou Seus apóstolos." (História da Redenção, 330).

4. De quem o domingo é filho?

"A lei da observância do primeiro dia da semana é produto de uma cristandade apóstata. O domingo é filho do papado, exaltado pelo mundo cristão acima do sagrado dia de repouso de Deus. Em caso algum lhe deve o povo de Deus prestar homenagem." (III Testemunhos Seletos, 397).

5. Ao que a observância do domingo deve sua existência?

"A observância do domingo deve sua existência como assim chamada instituição cristã, ao "mistério da iniquidade"; e sua imposição será o virtual reconhecimento dos princípios que são a pedra angular do romanismo." (Maranata! - Meditação Matinal, 129)

IGNORÂNCIA DOS LEGISLADORES

6. O que muitos jamais compreenderam?

"Muitos existem que jamais compreenderam as reivindicações do sábado bíblico e o falso fundamento sobre o qual repousa a instituição do domingo. Qualquer movimento em favor da legislação religiosa é realmente um ato de concessão ao papado, que por tantos séculos tem constantemente guerreado contra a liberdade de consciência." (Maranata! - Meditação Matinal, 129).

7. O que golpeiam os que se empenham no movimento em favor da imposição do domingo?

"Muitos há, mesmo entre os que se empenham neste movimento em favor da imposição do domingo, que se acham cegos aos resultados que seguirão a essa ação. Não veem que golpeiam diretamente a liberdade religiosa." (Eventos Finais, 126).

8. O que muito se empenham em conseguir?

"Os que se empenham em conseguir uma emenda à Constituição, para obter uma lei que imponha a observância do domingo, mal compreendem qual vai ser o resultado. Uma crise está iminente." (II Testemunhos Seletos, 352).

9. Qual é o derradeiro ato do drama?

"A substituição da lei de Deus pelas dos homens, a exaltação, por autoridade meramente humana, do domingo, posto em lugar do sábado bíblico, é o derradeiro ato do drama." (Eventos Finais, 136).

CONCLUSÃO

10. O que os espíritos declararão?

"Comunicações por parte dos espíritos declararão que Deus os enviou para convencer de seu erro os que rejeitam o domingo, afirmando que as leis do país deveriam ser obedecidas como a lei de Deus." (A Verdade Sobre os Anjos, 264).

11. O que os homens declararão?

"Satanás fará os maus atos que por muito tempo tem desejado realizar. Tormentas e tempestades, guerras e derramamento de sangue - ele se deleita nessas coisas, efetuando assim a sua colheita. E tão completamente serão os homens enganados por ele, que declararão que essas calamidades constituem o resultado da profanação do primeiro dia da semana. Dos púlpitos das igrejas populares será ouvida a declaração de que o mundo está sendo punido porque o domingo não é honrado como deveria." (Review and Herald, 17 de setembro de 1901).

12. Pretendendo aplacar a ira de Deus o que esses homens fazem?

"Pretendendo aplacar a ira de Deus, esses homens influentes fazem leis impondo a observância do domingo. Imaginam que, exaltando cada vez mais esse falso dia de repouso, compelindo a obediência à lei do domingo, o sábado espúrio, estão prestando serviço a Deus. Os que honram a Deus observando o verdadeiro, sábado são considerados desleais a Deus, quando, em realidade, os que assim os consideram é que são desleais, porque estão calcando aos pés o sábado originado no Éden." (Maranata! - Meditação Matinal, 174).

33
O Decreto Dominical

INTRODUÇÃO

1. O que os governantes dos Estados Unidos imporão?

"Aproxima-se o tempo em que a lei de Deus, em sentido especial, será invalidada em nosso país [os Estados Unidos]. Os governantes de nossa nação, por meio de atos legislativos, imporão a lei dominical, trazendo assim grande perigo para o povo de Deus." (Maranata! - Meditação Matinal, 177).

2. O que as autoridades religiosas e seculares combinam?

"Como o sábado se tornou o ponto especial de controvérsia por toda a cristandade, e as autoridades religiosas e seculares se combinaram para impor a observância do domingo, a recusa persistente de uma pequena minoria em ceder à exigência popular, fará com que esta minoria seja objeto de execração universal." (O Grande Conflito, pág. 615).

3. A que pedido popular os governantes cederão?

"Governantes e legisladores, a fim de conseguir o favor do público, cederão ao pedido popular de uma lei que imponha a observância do domingo." (Eventos Finais, 129).

ÊXODO DAS GRANDES CIDADES

4. Qual será a advertência para nós deixarmos as grandes cidades?

"Não vem muito distante o tempo em que, como os antigos discípulos, seremos forçados a buscar refúgio em lugares desolados e solitários. Como o cerco de Jerusalém pelos exércitos romanos era o sinal de fuga para os cristãos judeus, assim o arrogar-se nossa nação o poder no decreto que torna obrigatório o dia de repouso papal será uma advertência para nós. Será então tempo de deixar as grandes cidades, passo preparatório ao sair das menores para lares retirados em lugares solitários entre as montanhas." (II Testemunhos Seletos, 166).

5. Quando o povo de Deus fugirá das cidades e vilas?

"Quando o decreto promulgado pelos vários governantes da cristandade contra os observadores dos mandamentos lhes retirar a proteção do governo, abandonando-os aos que lhes desejam a destruição, o povo de Deus fugirá das cidades e vilas e reunir-se-á em grupos, habitando nos lugares mais desertos e solitários." (O Grande Conflito, 626).

PROIBIÇÃO DE VENDER

6. O que logo sairá?

"Tempo virá em que de modo algum poderemos vender. Logo sairá o decreto proibindo os homens de comprar ou vender a qualquer pessoa senão aos que tenham o sinal da besta." (II Testemunhos Seletos, 44).

7. Quando muitos recursos não terão utilidade alguma?

"As riquezas acumuladas logo serão inúteis. Quando sair o decreto de que ninguém poderá comprar ou vender, senão aqueles que tiverem o sinal da besta, muitos recursos não terão utilidade alguma. Deus requer que façamos agora tudo que estiver ao nosso alcance para transmitir a advertência ao mundo." (Review and Herald, 21 de março de 1878).

DECRETO MUNDIAL

8. O que sentirão aqueles que não se submeterem ao decreto?

"E todos os que não se submeterem ao decreto dos concílios nacionais, obedecendo às leis nacionais para exaltar o sábado instituído pelo homem do pecado em desconsideração ao santo dia de Deus, sentirão não somente o poder opressivo do papado, mas também do mundo protestante, a imagem da besta." (III Mensagens Escolhidas, 385).

9. O que se estenderá a todo o mundo

"A todas as nações, línguas e povos se ordenará que venerem esse sábado espúrio. O decreto impondo a veneração desse dia se estenderá a todo o mundo." (VII The Seventh-day Adventist Bible Commentary, 976).

CONCLUSÃO

10. Quem corre maior perigo de cair sob o poder do decreto?

"Os que agora exercem pouca fé, correm maior perigo de cair sob o poder dos enganos de Satanás, e do decreto que violentará a consciência." (O Grande Conflito, 622).

11. O que deveremos estar decididos a dizer agora?

"Os que não receberam o sinal da besta e da sua imagem quando sair o decreto terão que estar decididos a dizer agora: Não, não mostraremos estima pela instituição da besta." (Primeiros Escritos, 67).

12. Que decreto sairá contra os santos?

"Sairá o decreto para que eles rejeitem o sábado do quarto mandamento e honrem o primeiro dia, ou morram; eles não cederão, porém, para pisar a pés o sábado do Senhor e honrar uma instituição do papado." (E Recebereis Poder - Meditação Matinal, 344).

34
O Terceiro Anjo

INTRODUÇÃO

1. A quem Jesus enviou?

"Encerrando-se o ministério de Jesus no lugar santo, e passando Ele para o lugar santíssimo e ficando em pé diante da arca, a qual contém a lei de Deus, enviou outro anjo poderoso com uma terceira mensagem ao mundo. Um pergaminho foi posto na mão do anjo, e, descendo ele à Terra com poder e majestade, proclamou uma dura advertência, com a mais terrível ameaça que já foi feita ao homem." (Primeiros Escritos, 254).

2. Quem representa o terceiro anjo?

"Foi mostrado que o terceiro anjo, que proclama os mandamentos e a fé de Jesus, representa o povo que recebe essa mensagem, e ergue a voz de advertência ao mundo para que guarde os mandamentos de Deus e a Sua lei como a menina dos olhos; e em resposta a esta advertência muitos abraçariam o sábado do Senhor." (Vida e Ensinos, 87).

MENSAGEM DO TERCEIRO ANJO

3. O que Deus confiou a Seu povo?

"Deus confiou a Seu povo uma obra a ser realizada na Terra. A mensagem do terceiro anjo devia ser proclamada, o espírito dos crentes devia ser dirigido ao santuário celeste, aonde Cristo entrara para fazer expiação por Seu povo." (Maranata! - Meditação Matinal, 59).

4. O que aprouve ao Senhor

"Aprouve ao Senhor dar a Seu povo a mensagem do terceiro anjo como uma mensagem decisiva para ser apresentada ao mundo." (Carta 98, 1900).

A ADVERTÊNCIA DO TERCEIRO ANJO

5. Qual é a advertência do terceiro anjo?

"A advertência do terceiro anjo é: 'Se alguém adorar a besta, e a sua imagem, e receber o sinal na sua testa, ou na sua mão, também o tal beberá do vinho da ira de Deus'." (O Grande Conflito, 445).

6. Que duas classes contratam?

"Em contraste com os que guardam os mandamentos de Deus e tem a fé de Jesus, o terceiro anjo indica outra classe, contra a cujos erros profere solene e terrível advertência: 'Se alguém adorar a besta, e a sua imagem, e receber o sinal na sua testa, ou na sua mão, também o tal beberá do vinho da ira de Deus'." (O Grande Conflito, 438).

TERRÍVEL AMEAÇA

7. Onde se acha a mais terrível ameaça dirigida aos mortais?

"A mais terrível ameaça que já foi dirigida aos mortais, acha-se contida na mensagem do terceiro anjo. Deverá ser um terrível pecado que acarretará a ira de Deus, sem mistura de misericórdia." (O Grande Conflito, 449).

8. O que deverão tornar-se realidade?

"As terríveis ameaças do terceiro anjo deverão tornar-se realidade, e todos os ímpios beberão da ira de Deus. Um inumerável exército de anjos maus está se espalhando sobre toda a Terra e enchendo as igrejas." (Primeiros Escritos, 174).

9. O que o terceiro anjo deve separar?

"Vi então o terceiro anjo. Disse meu anjo acompanhante: 'Terrível é sua obra. Tremenda sua missão. Ele é o anjo que deve separar o trigo do joio, e selar, ou atar, o trigo para o celeiro celestial. Essas coisas devem absorver toda a mente, a atenção toda'." (Eventos Finais, 14).

CONCLUSÃO

10. O que se acham todas ligadas entre si?

"O terceiro anjo é representado como voando pelo meio do céu, clamando com grande voz: 'Aqui estão os que guardam os mandamentos de Deus e a fé de Jesus' (Apocalipse 14:12). A primeira, segunda e terceira mensagens angélicas acham-se todas ligadas entre si." (II Mensagens Escolhidas, 117).

11. Qual é a mensagem para este tempo?

"A mensagem do terceiro anjo, que abrange as mensagens do primeiro e do segundo anjo, é a mensagem para este tempo. Devemos erguer a bandeira na qual se acha escrito: 'Os mandamentos de Deus e a fé em Jesus'." (Conselhos Sobre Saúde, 357).

12. O que abrange a mensagem do terceiro anjo?

"O tema da maior importância é a mensagem do terceiro anjo, que abrange as mensagens do primeiro e do segundo anjos. Todos deverão compreender as verdades contidas nessas mensagens e demonstrá-las na vida diária, pois isso é essencial para a salvação.” (Carta 97, 1902).

35
A Proclamação da Mensagem

INTRODUÇÃO

1. O que o Senhor deseja ver?

"O Senhor deseja ver a obra da proclamação da mensagem do terceiro anjo sendo levada avante com eficiência crescente." (E Recebereis Poder - Meditação Matinal, 248).

2. O que precisa ser proclamada com altissonante voz?

"A mensagem do terceiro anjo precisa ser proclamada com altissonante voz. Tremendos eventos estão perante nós. Não temos tempo a perder." (O Colportor Evangelista, 120).

PROCLAMAÇÃO NAS CIDADES

3. Onde a mensagem do terceiro anjo deve agora ser proclamada?

"A mensagem do terceiro anjo deve agora ser proclamada não só em países distantes, mas também em negligenciados lugares por perto, em que há multidões não advertidas e salvas. Nossas cidades, em toda parte, requerem diligente e sincero trabalho da parte dos servos de Deus." (Review and Herald, 17/11/1910).

4. O que o Senhor deseja?

"O Senhor deseja que proclamemos, com poder, a mensagem do terceiro anjo, nestas cidades. Não podemos, por nós mesmos, exercitar este poder. Tudo quanto podemos fazer é escolher homens capazes e instar para que vão a tais lugares de oportunidade e lá proclamem a mensagem, no poder do Espírito Santo. À medida que falam a verdade, que vivem a verdade, que pregam a verdade e que oram pela verdade, Deus tocará os corações." (Manuscrito 53, 1900).

5. Quem deve ouvir a mensagem do terceiro anjo?

"As cidades devem ser trabalhadas. Os milhões que residem nesses centros densamente populosos devem ouvir a mensagem do terceiro anjo." (Review and Herald, 5/07/1906).

EXTENSÃO MUNDIAL

6. O que está mostrando o fato do terceiro anjo voar pelo meio do céu?

"O terceiro anjo é representado voando pelo meio do céu, mostrando que a mensagem deve ir avante por toda a extensão e largura da Terra. É a mensagem mais solene que já foi anunciada aos mortais." (Review and Herald, 21/06/1887).

7. Por qual lugar a mensagem do terceiro anjo deve ser proclamada em alta voz?

"A mensagem do terceiro anjo deve ser proclamada em alta voz por toda a Terra. Todo vestígio de negócio que causa desonestidade, toda mancha de egoísmo têm de ser removidos pela chuva serôdia." (E Recebereis Poder - Meditação Matinal, 340).

8. O que deve ser transmitida a todas as partes do mundo?

"A mensagem do anjo que acompanha o terceiro deve agora ser transmitida a todas as partes do mundo. Deve ser a mensagem da colheita, e toda a Terra se iluminará com a glória de Deus." (Carta 86, 1900).

NOSSA GRANDE OBRA

9. Que grande obra nos foi confiada?

"A nós foi confiada uma grande obra - a obra de proclamar a mensagem do terceiro anjo, a toda nação, tribo, língua e povo." (Conselhos Professores, Pais e Estudantes, 209).

10. Do que devemos advertir os homens?

"Devemos transmitir ao mundo a mensagem do terceiro anjo, advertindo os homens contra a adoração da besta e sua imagem, e ordenando-lhes que tomem seus lugares nas fileiras dos que 'guardam os mandamentos de Deus e têm a fé de Jesus'." (Maranata! - Meditação Matinal, 105).

CONCLUSÃO

11. O que João viu?

"O terceiro anjo foi visto voando no meio do céu, proclamando os mandamentos de Deus e a fé de Jesus. A mensagem não perde nada de seu poder em seu voo progressivo. João viu a obra aumentando até que toda a Terra foi cheia da glória de Deus." (Conselhos Professores, Pais e Estudantes, 548).

12. O que deve sair com grande poder?

"O terceiro anjo deve sair com grande poder. Que ninguém ignore esta obra ou a considere de pouca importância. A verdade deve ser proclamada ao mundo, para que os homens e as mulheres possam ver a luz." (Conselhos Sobre Saúde, 520).

36
Falta de Preparo

INTRODUÇÃO

1. Como que não devemos estar satisfeitos?

"Há uma grande obra a ser feita para este tempo, e não compreendemos a metade do que o Senhor está disposto a fazer para Seu povo. Falamos sobre a mensagem do primeiro anjo e sobre a mensagem do segundo anjo, e pensamos que temos alguma compreensão da mensagem do terceiro anjo; mas não devemos estar satisfeitos com o nosso conhecimento atual." (E Recebereis Poder - Meditação Matinal, 103).

2. O que há entre nosso povo?

"Foi-me revelado que há entre nosso povo grande falta de conhecimento quanto ao surgimento e progresso da mensagem do terceiro anjo." (II Mensagens Escolhidas, 392).

PREPARO PESSOAL

3. Quem não está preparado para o alto clamor do terceiro anjo?

"O povo de Deus não está preparado para o alto clamor do terceiro anjo. Têm a fazer por si mesmos uma obra que não devem deixar que Deus faça por eles. Deixou Ele esta obra para que eles a fizessem. É uma obra individual; um não a pode fazer por outro." (Conselhos Sobre Saúde, 453).

4. O que o povo de Deus precisa fazer?

"Foi-me mostrado que, se o povo de Deus não fizer esforços, de sua parte, mas esperar apenas que sobre eles venha o refrigério, para deles remover os defeitos e corrigir os erros; se nisso confiarem para serem purificados da imundícia da carne e do espírito, e preparados para tomar parte no alto clamor do terceiro anjo, serão achados em falta." (I Testimonies, 619).

COMO SERÁ DADA A MENSAGEM

5. O que deve chamar o mundo à preparação para o grande dia de Deus?

"Quem está anunciando a mensagem do terceiro anjo, chamando o mundo à preparação para o grande dia de Deus? A mensagem que apresentamos tem o selo do Deus vivo." (Conselhos Professores, Pais e Estudantes, 459).

6. Como a mensagem do terceiro anjo deve ser apresentada?

"A mensagem do terceiro anjo é verdade, luz e poder, e apresentá-la de tal maneira que cause as devidas impressões no coração, eis o que deve ser a obra de nossas escolas, bem como de nossas igrejas, do professor bem como do pastor." (Conselhos Sobre Educação, 117).

7. Como pode ser concluída a grande obra da mensagem do terceiro anjo?

"Como pode ser concluída a grande obra da mensagem do terceiro anjo? Em grande parte pode sê-lo mediante esforço perseverante e individual, pela visitação do povo em seus lares." (Historical Sketches, 150).

INSTRUMENTOS DA MENSAGEM

8. Qual é um dos meios pelos quais a mensagem deve ser proclamada?

"'Que posso fazer para proclamar a mensagem do terceiro anjo?' Ela deve ser proclamada a toda nação, tribo, língua e povo. Como a devemos dar? A distribuição de nossa literatura é um dos meios pelos quais a mensagem deve ser proclamada. Que todo crente espalhe largamente folhetos e livros que contenham a mensagem para este tempo." (Serviço Cristão, 145).

9. O que muitos dentre o povo de Deus devem fazer?

"Muitos dentre o povo de Deus devem sair, levando nossas publicações a lugares onde a mensagem do terceiro anjo nunca foi proclamada." (E Recebereis Poder - Meditação Matinal, 149).

10. O que existe?

"Existe um grande campo de utilidade na distribuição de nossa literatura e na proclamação aos nossos amigos e vizinhos da mensagem do terceiro anjo." (III Testemunhos Seletos, 320).

CONCLUSÃO

11. O que é legítima?

"A luz que recebemos sobre a terceira mensagem angélica é a legítima. O sinal da besta é exatamente o que tem sido proclamado. Nem tudo que se refere a este assunto é compreendido; nem compreendido será até que tenha sido completamente aberto o rolo do livro. Uma solene obra será, entretanto, realizada no mundo." (II Testemunhos Seletos, 371).

12. O que haverá entre nosso povo?

"Creio que haverá entre nosso povo um decidido avanço, um esforço mais fervoroso para nos manter em dia com a mensagem do terceiro anjo." (Manuscrito 10, 1889).

37
Oposição à Mensagem

INTRODUÇÃO

1. O que são mostradas na Palavra de Deus?

"São-nos mostradas na Palavra de Deus as consequências da proclamação da terceira mensagem angélica. 'O dragão irou-se contra a mulher, e foi fazer guerra ao resto da sua semente, os que guardam os mandamentos de Deus, e tem o testemunho de Jesus Cristo'. Apocalipse 12:17." (III Testemunhos Seletos, 232).

2. O que teremos ao anunciar a mensagem do terceiro anjo?

"Teremos oposição quando anunciarmos a mensagem do terceiro anjo. Satanás porá em execução todo plano possível para tornar sem efeito a fé uma vez entregue aos santos." (Conselhos Sobre Saúde, 359).

INTERFERÊNCIAS NA MENSAGEM

3. O que será detida?

"Satanás ideou um estado de coisas por cujo meio a proclamação da terceira mensagem angélica será detida. Devemos acautelar-nos de seus planos e métodos. Não deve haver abrandamento da verdade nem dissimulação da mensagem para este tempo." (Evangelismo, 230).

4. O que Satanás induzirá os homens?

"A mensagem do terceiro anjo é que apresenta a verdadeira prova para as pessoas. Satanás induzirá os homens a forjar falsas provas, e assim tratar de obscurecer o valor da mensagem da verdade, anulando-lhe os efeitos." (Evangelismo, 212).

5. Do que será chamada a luz da mensagem do terceiro anjo?

"A mensagem do terceiro anjo não será compreendida, e a luz que iluminará a Terra com sua glória será chamada de falsa luz pelos que recusam andar em sua glória progressiva." (Eventos Finais, 210).

6. Na trilha de quem não devemos andar?

"Não devemos andar na trilha dos que se opõem à verdade, mas dar a mensagem do terceiro anjo, que está voando pelo meio do céu, proclamando a nota de advertência, os mandamentos de Deus e o testemunho de Jesus Cristo." (Testem. Ministros e Obreiros Evangélicos, 237).

APOSTASIAS

7. Quem foi considerado como simples alarmistas?

"Até aqui, os que apresentavam as verdades da mensagem do terceiro anjo foram muitas vezes considerados como simples alarmistas." (Maranata! - Meditação Matinal, 170).

8. Quem abandona sua posição?

"Ao aproximar-se a tempestade, uma classe numerosa que tem professado fé na mensagem do terceiro anjo, mas não tem sido santificada pela obediência à verdade, abandona sua posição, passando para as fileiras do adversário." (O Grande Conflito, 608).

9. Como devem permanecer os que proclamam a mensagem do terceiro anjo?

"Os que proclamam a mensagem do terceiro anjo devem ficar corajosamente em seu posto, a despeito de difamações e mentiras, combatendo o bom combate da fé, e resistindo ao inimigo com a arma que Cristo empregou: 'Está escrito'." (Obreiros Evangélicos, 264).

10. Como parece o pequeno grupo unido pelo terceiro anjo?

"'O terceiro anjo está unindo-os, ou selando-os em grupos para o celeiro celestial'. Este pequeno grupo parecia atribulado, como se tivesse passado por duras provas e conflitos." (Primeiros Escritos, 89).

CONCLUSÃO

11. O que será restringida?

"A oposição dos inimigos da verdade será restringida a fim de que a mensagem do terceiro anjo possa efetuar a sua obra. Quando for dada a advertência final, prenderá a atenção das pessoas influentes por meio de quem o Senhor está agora a operar, e algumas delas a aceitarão, e manter-se-ão com o povo de Deus durante o tempo de angústia." (O Grande Conflito, 611).

12. O que as ovelhas verdadeiras ouvirão?

"Quando romper realmente sobre nós a tempestade da perseguição, as ovelhas verdadeiras ouvirão a voz do Pastor verdadeiro. Empregar-se-ão abnegados esforços para salvar os perdidos, e muitos dos que se extraviaram do redil voltarão a seguir o grande Pastor. O povo de Deus unir-se-á, apresentando frente unida ao inimigo." (VI Testimonies, 401).

38
Conteúdo da Mensagem

INTRODUÇÃO

1. Qual é a mensagem a ser dada neste tempo?

"Qual a mensagem a ser dada neste tempo? - É a mensagem do terceiro anjo. Mas essa luz, que deve encher toda a Terra de sua glória, tem sido desprezada por alguns dos que pretendem crer na verdade presente." (Testem. Ministros e Obreiros Evangélicos, 89).

2. O que o Senhor deseja?

"Apresentar estas verdades é a obra da mensagem do terceiro anjo. O Senhor deseja que a apresentação desta mensagem seja a mais elevada e maior obra realizada em nosso mundo neste tempo." (Manuscrito 166, 1899).

OS MANDAMENTOS DE DEUS

3. Qual é o fardo de nossa obra?

"A proclamação da mensagem do terceiro anjo, dos mandamentos de Deus e do testemunho de Jesus, é o fardo de nossa obra. A mensagem deve ser proclamada com alto clamor, e deve ir a todo o mundo." (O Colportor Evangelista, 138).

4. Que bandeira os fiéis devem desfraldar?

"Os poucos fiéis sabem que é tempo, não de ocultar a face, mas de exaltar a lei de Jeová por meio do desfraldar da bandeira em que está escrita a mensagem do terceiro anjo, 'aqui estão os que guardam os mandamentos de Deus e a fé em Jesus' Apocalipse 14:12." (Evangelismo, 281).

O SÁBADO

5. Qual é o tema principal da mensagem do terceiro anjo?

"A observância da santa lei de Deus, o sábado, é uma prova, um sinal entre Deus e Seu povo através de todas as suas gerações, para sempre. Para sempre isto será o tema principal da mensagem do terceiro anjo - os mandamentos de Deus e o testemunho de Jesus Cristo." (III Mensagens Escolhidas, 287).

6. O que exige a mensagem do terceiro anjo?

"A mensagem do terceiro anjo exige a apresentação do sábado do quarto mandamento, e esta verdade deve ser apresentada ao mundo; mas o grande centro de atração, Jesus Cristo, não deve ser deixado fora da mensagem do terceiro anjo." (Evangelismo, 184).

JUSTIÇA DE CRISTO

7. O que é a mensagem do terceiro anjo?

"Várias pessoas me escreveram perguntando se a mensagem da justificação pela fé é a mensagem do terceiro anjo, e respondi-lhes: 'É verdadeiramente a mensagem do terceiro anjo'." (Review and Herald, 1° de abril de 1890).

8. O que é a mensagem do terceiro anjo?

"A mensagem do terceiro anjo é a proclamação dos mandamentos de Deus e da fé de Jesus Cristo. Os mandamentos de Deus têm sido proclamados, mas a fé de Jesus Cristo não tem sido proclamada pelos adventistas do sétimo dia como de igual importância, a lei e o evangelho andando de mãos dadas." (III Mensagens Escolhidas, 172).

9. O que não é compreendida?

"A fé de Jesus não é compreendida. Precisamos falar sobre ela, vivê-la, orar a seu respeito, e ensinar o povo a introduzir esta parte da mensagem em sua vida familiar." (III Mensagens Escolhidas, 184).

10. O que constitui a fé de Jesus?

"A fé na capacidade de Cristo para salvar-nos ampla, completa e totalmente, é a fé de Jesus." (III Mensagens Escolhidas, 172).

CONCLUSÃO

11. Como começou o alto clamor do terceiro anjo?

"O tempo de prova está exatamente diante de nós, pois o alto clamor do terceiro anjo já começou na revelação da justiça de Cristo, o Redentor que perdoa os pecados." (I Mensagens Escolhidas, 363).

12. Com que mensagem será encerrada a mensagem do terceiro anjo?

"A mensagem da justiça de Cristo há de soar desde uma até a outra extremidade da Terra, a fim de preparar o caminho ao Senhor. Esta é a glória de Deus com que será encerrada a mensagem do terceiro anjo." (II Testemunhos Seletos, 373).

39
A Saúde e a Mensagem

INTRODUÇÃO

1. O que está intimamente relacionada com a mensagem do terceiro anjo?

"Deus tem mostrado que a reforma de saúde está intimamente relacionada com a mensagem do terceiro anjo como a mão está com o corpo." (Conselhos Sobre Saúde, 73).

2. O que é parte da mensagem do terceiro anjo?

"A reforma de saúde, foi-me mostrado, é parte da mensagem do terceiro anjo, e está com ela tão intimamente relacionada como o estão o braço e a mão em relação ao corpo humano." (I Testimonies, 486).

A REFORMA DE SAÚDE NÃO É A MENSAGEM

3. O que não é a mensagem do terceiro anjo?

"A reforma de saúde está intimamente relacionada com a mensagem do terceiro anjo, mas ela não é a mensagem. Nossos pregadores devem ensinar reforma de saúde, mas não devem fazer disto o tema predominante em lugar da mensagem." (I Testimonies, 559).

4. O que está intimamente relacionada com a mensagem do terceiro anjo?

"Embora a reforma da saúde não seja a mensagem do terceiro anjo, está ela intimamente com esta relacionada. Os que proclamam a mensagem devem também ensinar a reforma da saúde." (Conselhos Sobre Saúde, 453).

5. O que não pode tomar o lugar do corpo?

"A reforma de saúde está tão intimamente relacionada com a terceira mensagem angélica, como o braço ao corpo; mas o braço não pode tomar o lugar do corpo." (O Colportor Evangelista, 138).

6. O que deve estar unida com a mensagem do terceiro anjo?

"A apresentação dos princípios de saúde deve estar unida com esta mensagem, mas não deve em caso algum ser independente dela, ou de alguma maneira tomar o seu lugar." (O Colportor Evangelista, 138).

ABREM PORTAS

7. O que deve ser introduzido em cada esforço feito?

"A voz da mensagem do terceiro anjo deve ser ouvida com poder. Sejam os ensinos da reforma de saúde introduzidos em cada esforço feito para colocar a luz da verdade diante do povo." (Manuscrito 1, 1910).

8. O que é uma cunha penetrante?

"Quando conduzida de maneira adequada, a obra da saúde é uma cunha penetrante, que abre caminho para que outras verdades cheguem ao coração." (VI Testimonies, 327).

9. Quem é o braço direito da mensagem do terceiro anjo?

"Como braço direito da mensagem do terceiro anjo, os métodos divinos de tratamento das doenças abrirão portas para a entrada da verdade presente." (Conselhos Sobre Saúde, 219).

CONCLUSÃO

10. A importância do que devemos ver?

"Irmãos e irmãs, queremos que vejais a importância dessa questão da temperança, e que nossos obreiros se interessem nela, e conheçam que é tão ligada com a mensagem do terceiro anjo como o braço direito o é com o corpo. Devemos fazer progresso nesta obra." (Temperança, 238).

11. Onde a reforma de saúde terá o seu lugar?

"Quando a mensagem do terceiro anjo for recebida em sua plenitude, a reforma de saúde terá o seu lugar nos concílios dos campos, no trabalho da igreja, no lar, à mesa e em todos os arranjos do lar. Então o braço direito terá utilidade e protegerá o corpo." (Conselhos Sobre o Regime Alimentar, 73).

12. Do que não devemos recuar?

"A reforma da saúde é parte importante da mensagem do terceiro anjo; e, como um povo que professa esta reforma, não devemos recuar, mas fazer contínuos progressos." (Conselhos Sobre Saúde, 49).

40
Obra Médico-Missionária

INTRODUÇÃO

1. O que deve estar ligada com a mensagem do terceiro anjo?

"A obra médico-missionária deve estar ligada com a mensagem do terceiro anjo da mesma forma que a mão está ligada ao corpo; e a instrução dos estudantes em assuntos médico-missionários não está completa a menos que eles se preparem para trabalhar em ligação com a igreja e o ministério." (Conselhos Sobre Saúde, 557).

2. O que assemelha à mão e ao braço direito para a mensagem do terceiro anjo?

"A obra médico-missionária assemelha-se à mão e ao braço direito para a mensagem do terceiro anjo, que deve ser proclamada ao mundo caído; e os médicos, diretores e obreiros de qualquer ramo, ao desempenharem fielmente a sua parte, estão fazendo a obra da mensagem." (Medicina e Salvação, 188).

3. O que é o braço direito para a mensagem do terceiro anjo?

O que é o braço direito para o corpo, é a obra médico-missionária para a mensagem do terceiro anjo. Mas o braço direito não deve tornar-se o corpo inteiro. "A obra de buscar os de baixa classe é importante, mas não deve tornar-se o grande fardo de nossa missão." (Medicina e Salvação, 312).

ABRE AS PORTAS

4. O que deve trazer resultados maravilhosos?

"Em parceria com a proclamação da mensagem do terceiro anjo, deve a obra médica trazer resultados maravilhosos. Deve ela ser uma obra santificadora e unificadora, que corresponda à obra que o grande Chefe da igreja mandou os primeiros discípulos fazerem." (Maranata! - Meditação Matinal, 183).

5. O que é uma porta para a verdade da mensagem do terceiro anjo?

"A obra médico-missionária é uma porta através da qual a verdade deve encontrar entrada em muitos lares nas cidades. Em cada cidade serão encontrados os que apreciarão as verdades da mensagem do terceiro anjo." (Conselhos Sobre Saúde, 556).

6. Em que os médicos devem permanecer firmes?

"Os médicos devem permanecer firmes sob a bandeira da mensagem do terceiro anjo, combatendo o bom combate da fé, perseverante e vitoriosamente, confiantes na armadura celestial, o equipamento da Palavra de Deus, jamais se esquecendo de que têm um líder que nunca foi e jamais será vencido pelo mal." (Manuscrito 24, 1900).

7. O que deve ser combinado?

"Combinai a obra médico-missionária com a proclamação da mensagem do terceiro anjo. Envidai esforços regulares e organizados no sentido de tirar as igrejas do ponto morto em que têm caído, e em que por anos têm permanecido. Enviai às igrejas obreiros que apresentem os princípios da reforma de saúde em ligação com a mensagem do terceiro anjo, a cada família e indivíduo." (Testem. Ministros e Obreiros Evangélicos, 416).

REFORMA DE SAÚDE

8. O que deve preparar um povo para a vinda do Senhor?

"A reforma da saúde é um ramo da grande obra que deve preparar um povo para a vinda do Senhor. Ela se acha tão ligada à terceira mensagem angélica, como as mãos o estão com o corpo." (I Testemunhos Seletos, 320).

9. O que requer especialmente nossa atenção e apoio?

"Toda verdadeira reforma tem seu lugar na obra da mensagem do terceiro anjo. A reforma da temperança requer especialmente nossa atenção e apoio." (Temperança, 234).

10. O que não pode tomar o lugar da mensagem?

"Mas conquanto a obra de saúde tenha o seu lugar na proclamação da mensagem do terceiro anjo, seus advogados não devem de maneira nenhuma procurar que ela tome o lugar da mensagem." (VI Testimonies, 327).

CONCLUSÃO

11. Como a mensagem do terceiro anjo deve ser apresentada?

"A mensagem do terceiro anjo deve ser apresentada como a única esperança de salvação de um mundo que perece." (Carta 87, 1896).

12. O que o terceiro anjo está anunciado?

"O terceiro anjo a voar pelo meio do céu, e anunciando os mandamentos de Deus e o testemunho de Jesus, representa nossa obra. A mensagem não perde nada de sua força no voo progressivo do anjo; pois João o vê crescendo em resistência e poder até que a Terra inteira seja iluminada por sua glória." (V Testimonies, 383).

41
A Sacudidura

INTRODUÇÃO

1. O que haverá?

"Haverá uma sacudidura da peneira. No devido tempo, a palha precisa ser separada do trigo. Por se multiplicar a iniquidade, o amor de muitos está esfriando. Este é precisamente o tempo em que o genuíno será o mais forte." (Carta 46, 1887).

CAUSA DA SACUDIDURA

2. Entre quem haverá a sacudidura?

"Oh, que dia está diante de nós! Que sacudidura haverá entre os que se dizem filhos de Deus! O injusto encontrar-se-á entre o justo. Os que têm grande luz e nela não têm andado, terão trevas correspondentes à luz que desprezaram." (Ministros e Obreiros Evangélicos, 163).

3. O que resultará na sacudidura?

"Haverá uma sacudidura entre o povo de Deus; isto, porém, não é verdade presente a levar às igrejas. Será o resultado de recusar a verdade apresentada." (II Mensagens Escolhidas, 13).

4. Como virá a sacudidura?

"Ao vir a sacudidura, pela introdução de falsas teorias, esses leitores superficiais não ancorados em parte alguma, são como a areia movediça. Escorregam para qualquer posição para agradar a tendência de seus sentimentos de amargura." (Eventos Finais, 177).

5. O que causará a sacudidura entre os filhos de Deus?

"Perguntei qual o sentido da sacudidura que eu acabava de presenciar e foi-me mostrado que fora causada pelo positivo testemunho motivado pelo conselho da Testemunha fiel, aos laodiceanos. Esse testemunho terá o seu efeito sobre o coração do que o recebe, levando-a a exaltar a norma e declarar a positiva verdade. Alguns não suportarão esse claro testemunho. Opor-se-lhe-ão e isto causará uma sacudidura entre os filhos de Deus." (I Testemunhos Seletos, 60).

6. Quem será lançado fora na sacudidura?

"A igreja talvez pareça como prestes a cair, mas não cairá. Ela permanece, ao passo que os pecadores de Sião serão lançados fora na sacudidura - a palha separada do trigo precioso. É esse um transe terrível, não obstante importa que tenha lugar." (II Mensagens Escolhidas, 380).

COMEÇOU O TEMPO DE SACUDIDURA

7. Quando a sacudidura virá?

"Tão logo o povo de Deus esteja selado e preparado para a sacudidura, ela virá. Na verdade, ela já começou; os juízos de Deus estão agora sobre a Terra, para advertir-nos, a fim de que saibamos o que virá." (Maranata! - Meditação Matinal, 198).

8. Em que tempo estamos?

"Estamos no tempo da sacudidura, tempo em que cada coisa que pode ser sacudida, sacudir-se-á. O Senhor não desculpará os que conhecem a verdade, se não obedecem a

Seus mandamentos por palavra e ação." (II Testemunhos Seletos, 547).

9. Em que tempo estamos?

"Vi que estamos agora no tempo da sacudidura. Satanás está trabalhando com todo o seu poder para arrebatar almas da mão de Cristo e fazer com que calquem aos pés o Filho de Deus." (Maranata! - Meditação Matinal, 50).

10. Quem será joeirado na sacudidura?

"Começou a forte sacudidura e continuará, e todos os que não estiverem dispostos a assumir uma posição ousada e tenaz em prol da verdade, e a sacrificar-se por Deus e por Sua causa, serão joeirados." (Primeiros Escritos, 50).

CONCLUSÃO

11. Pelo que alguns foram lançados fora?

"Alguns, pela sacudidura, foram lançados fora, ficando à beira do caminho. Os descuidosos e indiferentes, que não se uniam aos que haviam prezado a vitória o bastante para suplicá-la com insistência, não a alcançaram, sendo deixados atrás, em trevas. Seu número, porém foi imediatamente preenchido por outros que aceitavam a verdade e cerravam fileiras." (I Testemunhos Seletos, 61).

12. Em que tempo os servos fiéis do Senhor hão de se revelar?

"O Senhor tem servos fiéis, que se hão de revelar no tempo de sacudidura e prova. Há elementos preciosos, hoje ocultos, que não prostraram o joelho a Baal. Não tiveram a luz que tem estado a brilhar sobre vós, em chama concentrada. Mas pode sob um rude e não convidativo exterior revelar-se o puro brilho de um genuíno caráter cristão.” (Serviço Cristão, 49).

42
A Chuva Serôdia

INTRODUÇÃO

1. Que duas chuvas são mencionadas?

"No Oriente, a chuva temporã cai no tempo da semeadura. Ela é necessária, para que a semente possa germinar. Sob a influência dos fertilizantes aguaceiros, brota o tenro rebento. Caindo perto do fim da estação, a chuva serôdia amadurece o grão, e o prepara para a ceifa. O Senhor emprega essas operações da Natureza para representar a obra do Espírito Santo." (E Recebereis Poder - Meditação Matinal, 27).

2. Sob que figura é representada a dotação de graça espiritual?

"Sob a figura das chuvas temporã e serôdia, que caem nas terras orientais ao tempo da semeadura e da colheita, os profetas hebreus predisseram a dotação de graça espiritual em medida extraordinária à igreja de Deus." (Maranata! - Meditação Matinal, 254).

SIMBOLISMO DA CHUVA

3. O que foi a chuva temporã?

"O derramamento do Espírito Santo no dia de Pentecoste foi a chuva temporã; porém a chuva serôdia será mais copiosa." (Parábolas de Jesus, 121).

4. Quando foi dada a chuva temporã?

"Assim como a 'chuva temporã' foi dada, no derramamento do Espírito Santo no início do evangelho, para efetuar a germinação da preciosa semente, a 'chuva serôdia' será dada em seu final para o amadurecimento da seara." (O Grande Conflito, 611).

5. O que representa a chuva serôdia?

"A chuva serôdia, amadurecendo a seara da Terra, representa a graça espiritual que prepara a igreja para a vinda do Filho do homem." (Testem. Ministros e Obreiros Evangélicos, 506).

6. Que chuva precisa fazer o seu trabalho?

"Mas a menos que a chuva temporã haja caído, não haverá vida; a ramagem verde não brotará. Se a chuva temporã não fizer seu trabalho, a serôdia não desenvolverá a semente até a perfeição." (Testem. Ministros e Obreiros Evangélicos, 506).

NO TEMPO DO FIM

7. O que serão acompanhados por especiais manifestações de favor divino?

"É certo que no tempo do fim, quando a causa de Deus na Terra estiver prestes a terminar, os sinceros esforços dos consagrados crentes sob a guia do Espírito Santo serão acompanhados por especiais manifestações de favor divino." (E Recebereis Poder - Meditação Matinal, 319).

8. Quando será concedida uma especial concessão de graça espiritual?

"Ao avizinhar-se o fim da ceifa da Terra, uma especial concessão de graça espiritual é prometida a fim de preparar a igreja para a vinda do Filho do homem. Esse derramamento do Espírito é comparado com a queda da chuva serôdia; e é por este poder adicional que os cristãos devem fazer as suas petições ao Senhor da seara 'no tempo da chuva serôdia'." (Atos dos Apóstolos, 55).

9. Quem operará com crescente poder?

"Chegamos agora aos últimos dias da obra da mensagem do terceiro anjo, quando Satanás operará com crescente poder porque sabe que seu tempo é curto. Ao mesmo tempo, nos advirão, por meio dos dons do Espírito Santo, diversidades de operações no derramamento do Espírito. Este é o tempo da chuva serôdia." (Carta 230, 1908).

10. O que não se encerrará sem a menor manifestação do poder de Deus?

"A grande obra do evangelho não deverá encerrar-se com menor manifestação do poder de Deus do que a que assinalou o seu início. As profecias que se cumpriram no derramamento da chuva temporã no início do evangelho, devem novamente cumprir-se na chuva serôdia, no final do mesmo." (E Recebereis Poder - Meditação Matinal, 205).

CONCLUSÃO

11. Em que tempo estamos?

"Orai sem cessar, e vigiai, trabalhando de conformidade com vossas orações. Ao orardes, crede, confiai em Deus. Estamos no tempo da chuva serôdia, tempo em que o Senhor dará liberalmente o Seu Espírito." (Review and Herald, 2 de março de 1897).

12. O que causou grande mudança na atitude das pessoas?

"Os sinceros que haviam sido detidos ou impedidos de ouvirem a verdade agora dela se apoderavam ansiosamente. Desaparecera todo temor que tinham dos parentes. A verdade, unicamente, era para eles exaltada. Era-lhes mais querida e preciosa do que a vida. Tinham dela estado famintos e sedentos. Perguntei pela causa dessa grande mudança. Um anjo respondeu: 'É a chuva serôdia, o refrigério da presença do Senhor, o alto clamor do terceiro anjo'." (I Testemunhos Seletos, 62).

43
O Preparo Para a Chuva Serôdia

INTRODUÇÃO

1. A quem a chuva serôdia jamais há de refrigerar?

"Estamos nós aguardando a chuva serôdia, esperando confiantemente um dia melhor, quando a igreja será dotada de poder do alto, e assim habilitada para a obra? A chuva serôdia jamais há de refrigerar e avigorar o indolente, que não use as faculdades que Deus lhe deu." (Maranata! - Meditação Matinal, 210).

2. O que muitos estavam negligenciando?

"Vi que muitos negligenciavam a preparação tão necessária, esperando que o tempo do 'refrigério' e da 'chuva serôdia' os habilitasse para estar em pé no dia do Senhor, e viver à Sua vista. Oh! quantos vi eu no tempo de angústia sem abrigo! Haviam negligenciado a necessária preparação, e portanto não podiam receber o refrigério que todos precisam ter para os habilitar a viver à vista de um Deus santo." (Primeiros Escritos, 71).

UM ERRO TERRÍVEL

3. O que muitos têm em grande medida deixado de receber?

"Muitos têm em grande medida deixado de receber a chuva temporã. Não têm obtido todos os benefícios que Deus assim para eles tem provido. Esperam que as falhas sejam supridas pela chuva serôdia. Quando a maior abundância da graça estiver para ser outorgada, esperam poder abrir o coração para recebê-la. Estão cometendo um erro terrível." (Testem. Ministros e Obreiros Evangélicos, 507).

4. Quem não verão nem compreenderão o valor da chuva serôdia?

"Podemos estar certos de que quando o Espírito Santo for derramado, os que não receberam nem apreciaram a chuva temporã, não verão nem compreenderão o valor da chuva serôdia." (Eventos Finais, 195).

5. O que precisamos desenvolver diariamente?

"A não ser que nós estejamos desenvolvendo diariamente na exemplificação das ativas virtudes cristã, não reconheceremos as manifestações do Espírito Santo na chuva serôdia. Pode ser que ela esteja sendo derramada nos corações ao nosso redor, mas nós não a discerniremos nem a receberemos." (Maranata! - Meditação Matinal, 217).

REMEDIANDO OS DEFEITOS

6. Como os primeiros discípulos se prepararam para o derramamento do Espírito Santo?

"Foi pela confissão e pelo abandono do pecado, por meio de fervorosa oração e da entrega pessoal a Deus, que os primeiros discípulos se prepararam para o derramamento do Espírito Santo no dia de Pentecostes. O mesmo trabalho, só que em grau mais elevado, deve ser feito agora." (Review and Herald, 2 de março de 1897).

7. Quem a bênção de Deus encherá?

"Hoje deveis ter purificado o vosso vaso, a fim de estar pronto para o orvalho celeste, pronto para os chuveiros da chuva serôdia; pois a chuva serôdia há de vir, e a bênção de Deus encherá toda alma que estiver purificada de toda contaminação." (Review and Herald, 22 de março de 1892).

8. Quem poderá participar do refrigério?

"Vi que ninguém poderia participar do refrigério a menos que obtivesse a vitória sobre toda tentação, orgulho, egoísmo, amor ao mundo, e sobre toda má palavra e ação." (Primeiros Escritos, 71).

9. O que nos cumpre remediar?

"Cumpre-nos remediar os defeitos de caráter, purificar de toda a contaminação o templo da alma. Então a chuva serôdia cairá sobre nós, como caiu a temporã sobre os discípulos no dia de Pentecostes." (II Testemunhos Seletos, 69).

10. A quem a bênção de Deus encherá?

"A chuva serôdia virá, e a bênção de Deus encherá toda alma que estiver purificada de toda contaminação. É nossa obra hoje entregar nossa alma a Cristo, para estarmos preparados para o tempo de refrigério pela presença do Senhor - preparados para o batismo do Espírito Santo." (I Mensagens Escolhidas, 191).

CONCLUSÃO

11. Qual é a análise de consciência que devemos fazer?

"Estão nossas súplicas ascendendo a Deus, com viva fé? Abrimos nós a porta do coração a Jesus, fechando todas as vias de acesso a Satanás? Estamos cotidianamente obtendo luz mais clara e maior força, a fim de que possamos permanecer na justiça de Cristo? Estamos esvaziando o coração de todo egoísmo, e purificando-o, como preparo para o recebimento da chuva serôdia do Céu?" (Maranata! - Meditação Matinal, 93).

12. Paras o que devemos orar com maior fervor?

"Oremos, pois, com coração contrito e com maior fervor, para que agora, no tempo da chuva serôdia, os chuveiros da graça sejam derramados sobre nós. Em todas as reuniões em que estivermos presentes, nossas orações devem ser feitas no sentido de que, agora mesmo, Deus conceda fervor e ânimo a nosso coração." (Testem. Ministros e Obreiros Evangélicos, 509).

44
A Terra é Iluminada

INTRODUÇÃO

1. O que temos ensinado e esperado?

"Temos ensinado, temos esperado que um anjo desça do Céu, que a Terra seja iluminada com a sua glória, quando contemplaremos uma colheita de almas semelhante à que foi testemunhada no dia de Pentecostes." (Home Missionary, 1º de novembro de 1893).

2. O que devem existir por esse tempo?

"Por este tempo devem existir representantes da verdade em cada cidade e nas mais remotas partes da Terra. Toda a Terra tem de ser iluminada pela glória da verdade divina. A luz deve iluminar todos os países e todos os povos." (Evangelismo, 407).

3. O que virá nesse tempo?

"Nesse tempo a 'chuva serôdia', ou o refrigério pela presença do Senhor, virá, para dar poder à grande voz do terceiro anjo e preparar os santos para estarem de pé no período em que as sete últimas pragas serão derramadas." (Primeiros Escritos, 86).

DONS DO ESPÍRITO

4. O que se manifestará na verdadeira igreja?

"Mais uma vez a Terra deve ser iluminada com a glória de Deus. As puras verdades da Bíblia devem resplandecer. E neste tempo de iluminação celeste, assinalando a aproximação do fim dos séculos, deverão novamente manifestar-se na verdadeira igreja os dons do Espírito." (Vida e Ensinos, 242).

5. O que veremos quanto a Terra for iluminada com a glória de Deus?

"Quando a Terra for iluminada com a glória de Deus, veremos uma obra semelhante à que foi efetuada quando os discípulos, repletos do Espírito Santo, proclamaram o poder do Salvador ressurreto." (E Recebereis Poder - Meditação Matinal, 179).

OPOSIÇÃO DOS PODERES DO MAL

6. Quem não capitulará sem lutar?

"Os poderes do mal não capitularão no conflito sem uma luta. Mas a Providência Divina tem uma parte a desempenhar na batalha do Armagedom. Quando a Terra for iluminada com a glória do anjo de Apocalipse 18, os elementos religiosos, bons e maus, despertarão do sono, e os exércitos do Deus vivo pôr-se-ão em campo." (VII The Seventh-day Adventist Bible Commentary, 983).

7. Quem apresentará frente unida ao inimigo?

"O povo de Deus unir-se-á, apresentando frente unida ao inimigo. O amor de Cristo, o amor de nossos irmãos, testificará ao mundo que estivemos com Jesus e dEle aprendemos. Então, a mensagem do terceiro anjo se avolumará num alto clamor, e a Terra inteira será iluminada com a glória do Senhor." (VI Testimonies, 401).

8. O que está diante de nós?

"O último grande conflito está diante de nós, mas virá ajuda para todos os que amam a Deus e obedecem a Sua lei, e a Terra, a Terra toda, será iluminada com a glória de Deus." (III Mensagens Escolhidas, 412).

VASTO ALCANCE MUNDIAL

9. O que ocorrerá futuramente?

"Futuramente a Terra há de ser iluminada pela glória de Deus. Daqueles que se acham santificados pela verdade resultará para o mundo uma influência divina. A Terra será circundada por uma atmosfera de graça." (Southern Watchman, 5 de setembro de 1905).

10. O que deve ir a toda nação?

"A última mensagem de advertência e misericórdia deve ir 'a toda nação, e tribo, e língua, e povo' (Apoc. 14:6), para 'tomar deles um povo para o Seu nome' (Atos 15:14); e a Terra será iluminada por Sua glória (Apoc. 18:1)." (Parábolas de Jesus, 79).

CONCLUSÃO

11. O que será iluminada com a glória da mensagem de verdade?

"A mensagem de verdade que levamos precisa ir a nações, línguas e povos. Ela irá em breve com grande voz, e a Terra será iluminada com sua glória. Estamos nós nos preparando para este grande derramamento do Espírito de Deus?" (V Testimonies, 383).

12. O que será dada com vigoroso poder?

"A última mensagem de advertência e salvação será dada com vigoroso poder. A Terra será iluminada com a glória de Deus, e nos competirá testemunhar a breve vinda de nosso Senhor e Salvador em poder e glória." (Carta 58, 1902).

45
Alto Clamor

INTRODUÇÃO

1. O que dará poder e força à mensagem do terceiro anjo?

"Vi então outro poderoso anjo comissionado para descer à Terra, a fim de unir sua voz com o terceiro anjo, e dar poder e força à sua mensagem. Grande poder e glória foram comunicados ao anjo, e, descendo ele, a Terra foi iluminada com sua glória." (História da Redenção, 399).

2. O que prediz o fato do anjo iluminar toda a Terra com sua glória?

"O anjo que se une na proclamação da mensagem do terceiro anjo, deve iluminar a Terra toda com a sua glória. Prediz- se com isto uma obra de extensão mundial e de extraordinário poder." (Maranata! - Meditação Matinal, 18).

CHUVA SERÔDIA

3. O que virá para dar poder à grande voz do terceiro anjo?

"Nesse tempo a 'chuva serôdia', ou o refrigério pela presença do Senhor, virá, para dar poder à grande voz do terceiro anjo e preparar os santos para estarem de pé no período em que as sete últimas pragas serão derramadas." (Primeiros Escritos, 86).

4. O que há de cair sobre o povo de Deus?

"A chuva serôdia há de cair sobre o povo de Deus. Um poderoso anjo descerá do Céu, e toda a Terra se iluminará com a Sua glória. Estamos preparados para tomar parte na gloriosa obra do terceiro anjo?" (E Recebereis Poder - Meditação Matinal, 297).

5. O que causou grande mudança na proclamação da verdade?

"Ouvi os que se achavam revestidos da armadura proclamarem a verdade com grande poder... Perguntei pela causa dessa grande mudança. Um anjo respondeu: 'É a chuva serôdia. O refrigério da presença do Senhor. O alto clamor do terceiro anjo'." (E Recebereis Poder - Meditação Matinal, 341).

6. Que tempo terá lugar o derramamento do Espírito Santo?

"Não tenho nenhum tempo específico de que falar, no qual tenha lugar o derramamento do Espírito Santo - quando o poderoso anjo descer do Céu, e se unir com o terceiro anjo na conclusão da obra para este mundo." (Review and Herald, 29 de março de 1892).

ALTO CLAMOR

7. Que volume a obra do terceiro anjo tomará?

"A obra desse anjo vem, no tempo devido, unir-se à última grande obra da mensagem do terceiro anjo, ao tomar esta o volume de um alto clamor." (Primeiros Escritos, 277).

8. O que acontece à medida que a mensagem do terceiro anjo se avoluma num alto clamor?

"À medida que a mensagem do terceiro anjo se avoluma num alto clamor, grande poder e glória acompanharão sua proclamação. Os semblantes do povo de Deus brilharão com a luz do Céu." (Maranata! - Meditação Matinal, 200).

9. O que a igreja difundirá durante ao alto clamor?

"Durante o alto clamor, a igreja, ajudada pelas providenciais interposições de seu exaltado Senhor, difundirá a conhecimento da salvação tão abundantemente, que a luz será comunicada a toda cidade e vila." (Review and Herald, 13-10-1904).

10. O que é ouvido durante o alto clamor da mensagem do terceiro anjo?

"E no alto clamor da mensagem do terceiro anjo é ouvida uma voz do Céu, dizendo: 'Retirai-vos dela, povo Meu, para não serdes cúmplices em seus pecados, e para não participardes dos seus flagelos, porque os seus pecados se acumularam até ao, Céu, e Deus Se lembrou dos atos iníquos que ela praticou." (Maranata! - Meditação Matinal, 169).

CONCLUSÃO

11. Por meio de quem o Senhor operará?

"Ao chegar o tempo para que ela [a mensagem do terceiro anjo] seja dada com o máximo poder, o Senhor operará por meio de humildes instrumentos, dirigindo a mente dos que se consagram ao Seu serviço." (Evangelismo, 699).

12. Como estarão aqueles que mantiverem o princípio da sua confiança firme até o fim?

"Os que mantiverem o princípio da sua confiança firme até o fim, estarão bem despertos durante o tempo em que a mensagem do terceiro anjo é proclamada com grande poder." (Maranata! - Meditação Matinal, 216).

46
Poder da Mensagem

INTRODUÇÃO

1. O que será ouvido na Terra?

"Chegará o próprio tempo de que escreveu o profeta, e o forte clamor do terceiro anjo será ouvido na Terra, sua glória iluminará o mundo e a mensagem triunfará, mas os que não andam em sua luz não triunfarão com ela." (III Mensagens Escolhidas, 390).

2. Quem tem esperado para cooperar com o agente humano?

"Deus não vos deixará trabalhar sozinhos. Desde a proclamação da mensagem do terceiro anjo, têm os anjos de Deus esperado para cooperar com o agente humano que está zeloso, e determinado a trabalhar. Devemos aprofundar-nos mais nas minas da verdade do que o temos feito." (Testem. Ministros e Obreiros Evangélicos, 123).

3. O que o terceiro anjo está fazendo?

"O terceiro anjo está retirando e purificando um povo, e esses devem mover-se unidos com ele." (Testem. Ministros e Obreiros Evangélicos, 488).

ENCERRAMENTO DA MENSAGEM

4. Que tempo cronológico Deus não nos revelou?

Deus não nos revelou o tempo em que esta mensagem terminará ou quando o tempo de graça chegará ao fim. É nosso dever vigiar e trabalhar e esperar, labutando a todo momento em favor das almas dos homens prestes a perecer." (Maranata! - Meditação Matinal, 105).

5. Quem operará com crescente poder?

"Chegamos agora aos últimos dias da obra da mensagem do terceiro anjo, quando Satanás operará com crescente poder porque sabe que seu tempo é curto. Ao mesmo tempo, nos advirão, por meio dos dons do Espírito Santo, diversidades de operações no derramamento do Espírito. Este é o tempo da chuva serôdia." (Carta 230, 1908).

6. O que virão sobre a Terra enquanto a obra está se encerrando?

"Enquanto a obra de salvação está se encerrando, tribulações virão sobre a Terra, e as nações ficarão iradas, embora contidas para não impedir a obra do terceiro anjo. Nesse tempo a 'chuva serôdia', ou o refrigério pela presença do Senhor, virá, para dar poder à grande voz do terceiro anjo e preparar os santos para estarem de pé no período em que as sete últimas pragas serão derramadas." (Primeiros Escritos, 86).

7. Quem participará da glória da mensagem do terceiro anjo?

"À medida que a terceira mensagem se avoluma e se torna alto clamor, e que a obra final é acompanhada de grande poder e glória, o fiel povo de Deus participa dessa glória. É a chuva serôdia que os vivifica e fortalece para passar pelo tempo de angústia. Seus rostos brilharão com a glória daquela luz que acompanha a mensagem do terceiro anjo." (I Testemunhos Seletos, 131).

8. Em que circunstância de tempo a mensagem do terceiro anjo estava pra ser concluída?

"Foi-me indicado o tempo em que a mensagem do terceiro anjo estava para ser concluída. O poder de Deus havia repousado sobre Seu povo; tinham cumprido a sua obra, e encontravam-se preparados para a hora de prova a sua frente. Tinham recebido a chuva serôdia, ou o refrigério pela presença do Senhor, e se reanimara o vívido testemunho. A última grande advertência tinha soado por toda parte e havia instigado e enraivecido os habitantes da Terra que não quiseram receber a mensagem." (História da Redenção, 402).

9. O que não encerrará até que a mensagem seja distintamente proclamada?

"Não encerrará o tempo da graça até que a mensagem seja mais distintamente proclamada. A lei divina deve ser engrandecida; seus reclamos, expostos em seu caráter legítimo e sagrado, para que o povo seja induzido a decidir-se pró ou contra a verdade. Contudo, a obra será abreviada em justiça. A mensagem da justiça de Cristo há de soar desde uma até a outra extremidade da Terra, a fim de preparar o caminho ao Senhor. Esta é a glória de Deus com que será encerrada a mensagem do terceiro anjo." (II Testemunhos Seletos, 373).

10. O que acontecerá quando se encerrar a mensagem do terceiro anjo:

"Quando se encerrar a mensagem do terceiro anjo, a misericórdia não mais pleiteará em favor dos culpados habitantes da Terra. O povo de Deus terá cumprido a sua obra. Recebeu a 'chuva serôdia', o 'refrigério pela presença do Senhor', e acha-se preparado para a hora probante que diante dele está." (Maranata! - Meditação Matinal, 263).

CONCLUSÃO

11. Para que Satanás está trabalhando com todo o seu poder?

"Ele [Satanás] está trabalhando com todo o seu poder insinuante, enganador, para desviar os homens da mensagem do terceiro anjo, que deve ser proclamada com forte poder." (II Mensagens Escolhidas, 19).

12. Quem deverá avançar com grande poder?

"Esforços decisivos têm de ser feitos, a fim de apresentar esta mensagem ao povo de modo preeminente. O terceiro anjo deverá avançar com grande poder. Que ninguém passe por alto esta obra ou a considere como de somenos importância." (II Testemunhos Seletos, 371).

47
A Obra de Selamento

INTRODUÇÃO

1. Até quando os anjos manterão em xeque os exércitos de Satanás?

"Anjos estão cingindo o mundo, opondo-se às pretensões de supremacia da parte de Satanás, feitas por causa da vasta multidão de seus adeptos. Não ouvimos as vozes, não vemos com a visão natural a obra desses anjos, mas suas mãos estão unidas ao redor do mundo, e com insone vigilância eles estão mantendo em xeque os exércitos de Satanás até ser concluído o selamento do povo de Deus." (Carta 79, 1900).

2. O que estão sendo dominadas por mãos de anjos?

"Digo-vos no nome do Senhor Deus de Israel que todas as influências maléficas e desalentadoras estão sendo dominadas por mãos de anjos invisíveis, até que todos os que labutam no temor e amor de Deus sejam selados em suas frontes." (Carta 138, 1897).

SATANÁS

3. Em que tempo Satanás está usando cada artifício?

"Satanás está agora usando cada artifício neste tempo de selamento a fim de desviar a mente do povo de Deus da verdade presente e levá-los a vacilar." (Primeiros Escritos, 42).

4. A fim de que Satanás estava operando?

"Eu vi que Satanás estava operando dessa maneira a fim de desviar, enganar e afastar de Deus o Seu povo, precisamente agora, neste tempo de selamento." (Primeiros Escritos, 44)

5. Do que Satanás estava procurando lançar mão?

"Satanás estava procurando lançar mão de todas as suas artes a fim de mantê-los onde estavam, até que o selamento passasse, até que a proteção fosse tirada de sobre o povo de Deus e este ficasse desprotegido da ardente ira de Deus nas sete últimas pragas." (Primeiros Escritos, 44).

O PREPARO ESPIRITUAL

6. Quem não será selado?

"Nem todos os que professam guardar o sábado serão selados. Muitos há, mesmo entre os que ensinam a verdade a outros, que não receberão na testa o selo de Deus. Tinham a luz da verdade, souberam a vontade de seu Mestre, compreenderam todos os pontos de nossa fé, mas não tiveram as obras correspondentes." (Maranata – Meditação Matinal, 238).

7. Quantos serão selados?

"Muitos ouvem o convite de misericórdia, são testados e provados; mas poucos são selados com o selo do Deus vivo. Poucos se mostrarão humildes como uma criança, para que possam entrar no reino do Céu." (Conselhos Sobre Educação, 80).

8. Quando os servos de Deus serão selados?

"Com todas as faculdades que nos foram dadas por Deus, estamos procurando alcançar a medida da estatura de homens e mulheres em Cristo? Estamos buscando Sua plenitude, chegando cada vez mais alto, procurando atingir a perfeição de Seu caráter? Quando os servos de Deus chegarem a esse ponto, eles serão selados em suas frontes." (III Mensagens Escolhidas, 427).

9. O que é muito curto?

"O tempo do selamento é muito curto, e logo passará. Agora, enquanto os quatro anjos estão contendo os ventos, é o tempo de fazer firme a nossa vocação e eleição." (Primeiros Escritos, 58).

10. O que receberemos antes de terminar o selamento?

"Antes de a obra encerrar-se e terminar o selamento do povo de Deus, receberemos o derramamento do Espírito de Deus." (Carta 30, 1907).

CONCLUSÃO

11. Ao terminar o selamento como estavam os santos?

"Um anjo com um tinteiro de escrivão ao lado voltou da Terra, e referiu a Jesus que sua obra estava feita, e os santos estavam numerados e selados." (Primeiros Escritos, 279).

12. Quando Jesus sair do santuário como estarão os santos?

"Quando Jesus sair do santuário, os que são santos e justos serão santos e justos ainda; pois todos os seus pecados estarão apagados, e eles selados com o selo do Deus vivo." (Primeiros Escritos, 48).

48

O Selamento Final

INTRODUÇÃO

1. Qual era o número dos assinalados?

"E ouvi o número dos assinalados, e eram cento e quarenta e quatro mil assinalados, de todas as tribos dos filhos de Israel". (Apocalipse 7:4).

2. Que povo tem na testa escrito o nome do Pai?

"O povo que é descrito como constituindo os cento e quarenta e quatro mil tem na testa escrito o nome do Pai, e diz-se a seu respeito: 'E na sua boca não se achou engano; porque são irrepreensíveis diante do trono de Deus' Apoc. 14:5." (The Youth's Instructor, 25 de junho de 1895).

3. Quem estava com o Cordeiro sobre o monte de Sião?

"'E olhei, e eis que estava o Cordeiro sobre o monte de Sião, e com Ele cento e quarenta e quatro mil, que em suas testas tinham escrito o nome dEle e o de Seu Pai.' Apoc. 14:1. Neste mundo suas mentes foram consagradas a Deus; serviram-nO com o intelecto e com o coração; e agora Ele pode colocar Seu nome em suas testas." (Atos dos Apóstolos, 590).

NEM TODOS SERÃO SELADOS

4. Quem são aqueles que permanecerão irrepreensíveis diante do trono de Deus?

"O verdadeiro povo de Deus, os que possuem o espírito da obra do Senhor, toma a peito a salvação de almas, verão sempre o pecado em seu caráter real, maligno. Estarão sempre a favor de lidar de maneira fiel e positiva com os pecados que facilmente assaltam o povo de Deus. Em especial na obra final da igreja, no tempo do assinalamento dos cento e quarenta e quatro mil que hão de permanecer irrepreensíveis diante do trono de Deus, sentirão muito profundamente os erros do povo professo de Deus." (I Testemunhos Seletos, 335).

5. Sobre quem o selo de Deus jamais será colocado?

"O selo de Deus jamais será colocado à testa de um homem ou mulher impuros. Jamais será colocado à testa de um homem ou mulher cobiçosos ou amantes do mundo. Jamais será colocado à testa de homens ou mulheres de língua falsa ou coração enganoso. Todos os que recebem o selo devem ser imaculados diante de Deus – candidatos para o céu" (II Testemunhos Seletos, 71).

6. Que não será selado?

"Nem todos os que professam guardar o sábado serão selados. Muitos há, mesmo entre os que ensinam a verdade a outro, que não receberão na testa o selo de Deus." (II Testemunhos Seletos, 68).

7. Quantas classes somente poderá haver?

"Só poderá haver duas classes. Cada participante é assinalado distintamente, ou com o selo do Deus vivo, ou com o sinal da besta ou de sua imagem." (Review and Herald, 30/01/1900).

HONRAS ESPECIAIS

8. Quando os vistos justos receberão o selo de Deus?

"Referências a nossas obras publicadas mostrarão nossa crença de que os vivos justos receberão o selo de Deus antes do fim da graça, também que eles fruirão honras especiais no reino de Deus." (Manuscrito, 04, 1883).

9. O que os santos anjos estão pondo sobre os fiéis?

"E os remanescentes são não só perdoados e aceitos, mas também honrados. Uma mitra limpa é-lhes colocada sobre a cabeça. Serão como reis e sacerdotes para Deus. Enquanto Satanás instava com suas acusações, e buscava destruir esse grupo, santos anjos, invisíveis, passavam para cá e para lá, colocando sobre eles o selo do Deus vivo." (II Testemunhos Seletos, 179).

10. Quem somente pode aprender o cântico novo?

"Eles cantam o cântico novo diante do trono, esse cântico que ninguém pode aprender a não ser os cento e quarenta e quatro mil que são redimidos da Terra." (Profetas e Reis, 591).

CONCLUSÃO

11. Como estavam os 144.000?

"Os 144.000 estavam todos selados e perfeitamente unidos. Em sua testa estava escrito: 'Deus, Nova Jerusalém', e tinham uma estrela gloriosa que continha o novo nome de Jesus." (Primeiros Escritos, 15).

12. Dentre quem são trasladados?

"Estes, tendo sito trasladados da Terra, dentre os vivos, são tidos como as primícias para Deus e para o Cordeiro." (Grande Conflito, 654).

49

A Personificação de Cristo

INTRODUÇÃO

1. A quem o inimigo prepara-se para enganar?

"O inimigo prepara-se para enganar o mundo inteiro por meio de seu poder de operar milagres. Ele pretenderá personificar os anjos de luz, personificar Jesus Cristo." (II Mensagens Escolhidas, 21).

2. Quem Satanás personificará?

"Deve o conflito tornar-se cada vez mais feroz. Satanás sairá a campo e personificará a Cristo. Representará mal, usará mal e perverterá tudo ao seu alcance para, se possível, enganar os próprios escolhidos." (Testemunho Para Ministros e Obreiros Evangélicos, 411).

OBRA DE ENGANO

3. A quem Satanás personificará?

"Como ato culminante no grande drama do engano, o próprio Satanás personificará Cristo. A igreja tem há muito tempo professado considerar o advento do Salvador como a realização de suas esperanças. Assim, o grande enganador fará parecer que Cristo veio." (Grande Conflito, 624).

4. Como Satanás se manifestará entre os homens?

"Em várias partes da Terra, Satanás se manifestará entre os homens como um ser majestoso, com brilho deslumbrante, assemelhando-se à descrição do Filho de Deus dada por João no Apocalipse. A glória que o cerca não é excedida por coisa alguma que os olhos mortais já tenham contemplado." (O Grande Conflito, 624).

5. Como é a sua voz?

"Ressoa nos ares a aclamação de triunfo: 'Cristo veio! Cristo veio!' O povo se prostra em adoração diante dele, enquanto este ergue as mãos e sobre eles pronuncia uma bênção, assim como Cristo abençoava Seus discípulos quando aqui na Terra esteve. Sua voz é meiga e branda, cheia de melodia." (O Grande Conflito, 624).

ANULAÇÃO DA LEI DE DEUS

6. Quando o anticristo aparecer o que será anulada?

"Anjos caídos formam, na Terra, confederações com homens maus. Nessa época aparecerá o anticristo, como o Cristo verdadeiro, e então a lei de Deus será anulada completamente entre as nações do mundo." (Testemunhos Para Ministros, págs. 62).

7. Do que o anticristo apartará o povo?

"Cristo será personificado, mas em um ponto haverá marcante distinção. Satanás apartará o povo da lei de Deus. Apesar de tudo, a contrafação será tão perfeita que, se possível, os próprios eleitos seriam enganados. Cabeças coroadas, presidentes, governantes em elevada posição, prostrar-se-ão ante suas falsas teorias." (Review and Herald, 17 de agosto de 1897).

8. O que o anticristo alegará ter mudado?

"Em tom manso e compassivo apresenta algumas das mesmas verdades celestiais e cheias de graça que o Salvador proferia; cura as moléstias do povo, e então, em seu pretenso caráter de Cristo, alega ter mudado o sábado para o domingo, ordenando a todos que santifiquem o dia que ele abençoou. Declara que aqueles que persistem em santificar o sétimo dia estão blasfemando de Seu nome, pela recusa de ouvirem Seus anjos à eles enviados com a luz e a verdade. É este o poderoso engano, quase invencível." (O Grande Conflito, 624).

COMO ESCAPAR DO ENGANO

9. Por que o povo de Deus não será desencaminhado?

"Mas o povo de Deus não será desencaminhado. Os ensinos deste falso cristo não estão de acordo com as Escrituras. Sua bênção é pronunciada sobre os adoradores da besta e de sua imagem, a mesma classe sobre a qual a Bíblia declara que a ira de Deus, sem mistura, será derramada." (O Grande Conflito, 625).

10. O que não será permitido a Satanás imitar?

"E, demais, não será permitido a Satanás imitar a maneira do advento de Cristo. O Salvador advertiu Seu povo contra o engano neste ponto, e predisse claramente o modo de Sua segunda vinda. Não há possibilidade de ser imitada esta vinda. Será conhecida universalmente, testemunhada pelo mundo inteiro." (O Grande Conflito, 625).

CONCLUSÃO

11. Quem é facilmente desencaminhado?

"Se os homens são tão facilmente desencaminhados, como subsistirão quando Satanás personificar a Cristo, e operar milagres? Quem ficará inabalável ante suas falsas apresentações, pretendendo ser Cristo quando é simplesmente

Satanás personificando a Cristo, e operando aparentemente as obras de Cristo? Que impedirá o povo de Deus de dar sua aliança aos falsos cristos?" (II Mensagens Escolhidas, 58).

12. Como o mundo acolherá o falso Cristo?

"Satanás não somente aparecerá como ser humano, mas também atuará na figura de Jesus Cristo; e o mundo que tem recusado a verdade o acolherá como senhor de senhores e reis dos reis". (V Comentário Bíblico Adventista, 1106).

50
Os Quatro Anjos

INTRODUÇÃO

1. Quem segura os ventos?
"Os quatro anjos seguram os ventos; um momento de trégua tem-nos sido graciosamente dado por Deus." (Testem. Ministros e Obreiros Evangélicos, 364).

2. O que os anjos estão segurando?
"Os anjos estão segurando os quatro ventos, e Satanás está tomando vantagem de cada um que não esteja plenamente firmado na verdade." (II Testemunhos Seletos, 217).

3. O que os quatro ventos levarão?
"Anjos estão segurando os quatro ventos, representados como um cavalo furioso procurando soltar-se, e arremeter sobre a face de toda a Terra, levando destruição e morte em sua esteira." (III Mensagens Escolhidas, 409).

OS VENTOS SÃO SOLTOS

4. Até quando os quatro anjos segurariam os quatro ventos?
"Vi que os quatro anjos segurariam os quatro ventos até que a obra de Jesus estivesse terminada no santuário, e então viriam as sete últimas pragas." (Primeiros Escritos, 36-37).

5. Que elementos são representados como sendo retidos?

"São João vê os elementos da Natureza - terremoto, tempestade, e lutas políticas - representados como sendo retidos por quatro anjos. Esses ventos estão sendo controlados, até que Deus dê a ordem para serem soltos." (Testem. Ministros e Obreiros Evangélicos, 444).

6. Até quando os anjos reterão os ventos da contenda?

"Os anjos estão agora retendo os ventos da contenda, até que o mundo seja advertido de sua vindoura condenação; uma tempestade, porém, se está preparando, preste a irromper sobre a terra." (Review and Herald, 23 de novembro de 1905).

7. Depois que os quatro anjos deixarem de segurar os quatro ventos o que foi visto?

"Então eu vi os quatro anjos deixarem de segurar os quatro ventos. E vi fome, pestilência e espada, nação se levantava contra nação, e o mundo inteiro estava em confusão." (Maranata! - Meditação Matinal, 241).

A ÚLTIMA GRANDE BATALHA

8. O que os homens não discernem?

"Os homens não discernem as sentinelas angélicas que retêm os quatro ventos para que não soprem sem que os filhos de Deus estejam selados; mas quando Deus mandar que Seus anjos soltem os ventos haverá uma cena tal de luta que pena nenhuma pode descrever." (III Testemunhos Seletos, 14-15).

9. Quando os servos de Deus estiverem assinalados o que as potências do mundão hão de mobilizar?

"Os quatro ventos sobre os quatro cantos da Terra ainda estão sendo retidos até que os servos de Deus estejam assinalados na testa. Então as potências do mundo hão de mobilizar suas forças para a última grande batalha." (II Testemunhos Seletos, 369).

10. Quando os servos de Deus estiverem selados para que os poderes da terra se disporão em ordem?

"Por enquanto os quatro ventos estão sendo retidos até que os servos de Deus sejam selados em sua fronte. Então os poderes da Terra se disporão em ordem para a última grande batalha." (Maranata! - Meditação Matinal, 61).

CONCLUSÃO

11. Para que devemos clamar a Deus?

"Clamemos a Deus para que os anjos segurem os quatro ventos até que sejam enviados missionários a todas as partes do mundo, e proclamem a advertência contra a desobediência à lei de Jeová." (II Testemunhos Seletos, 325).

12. Para que as nossas orações devem ascendem a Deus?

"Ascendam a Deus as nossas orações para que os quatro anjos ainda retenham os quatro ventos, a fim de que não soprem para danificar nem destruir sem que a última advertência haja sido feita ao mundo." (VI Testimonies, 61).

51
Fim do Tempo da Graça

INTRODUÇÃO

1. Que perguntas muitos fizeram por cartas?

"Têm-me chegado cartas perguntando se tenho qualquer esclarecimento especial quanto ao tempo da terminação do tempo de graça; e respondo que tenho apenas esta mensagem a dar; que agora é tempo de trabalhar, enquanto é dia, pois a noite vem, quando ninguém pode trabalhar." (I Mensagens Escolhidas 191).

2. Quando terá fim o tempo de graça?

"Deus não nos revelou o tempo em que esta mensagem será concluída, ou quando terá fim o tempo de graça." (I Mensagens Escolhidas, 191).

3. Antes do que formará a imagem da besta?

"O Senhor mostrou-me claramente que a imagem da besta formar-se-á antes que termine a graça; pois isso será a grande prova para o povo de Deus, pela qual será decidido seu destino eterno." (II Mensagens Escolhidas, 81).

FIM DA INTERCESSÃO DE CRISTO

4. Até quanto estenderá a obra do juízo?

"A obra do juízo que começou em 1844 deve continuar até que os casos de todos estejam decididos, tanto dos vivos como dos mortos; disso se conclui que ela se estenderá até ao final do tempo de graça para a humanidade." (O Grande Conflito, págs. 436).

5. Quem cessa de interceder no santuário celestial?

"Um anjo que volta da Terra anuncia que a sua obra está feita; o mundo foi submetido à prova final, e todos os que se mostrarem fiéis aos preceitos divinos receberam 'o selo do Deus vivo'. Cessa então Jesus de interceder no santuário celestial. Levanta as mãos, e com grande voz diz: 'Está feito'." (O Grande Conflito, 613).

6. Quando Jesus deixar o santuário quem deve viver sem intercessor?

"Deixando Ele o santuário, as trevas cobrem os habitantes da Terra. Naquele tempo terrível os justos devem viver à vista de um Deus santo, sem intercessor." (O Grande Conflito, 613).

7. Pouco antes do que a graça finaliza?

"Quando se encerrar a obra do juízo de investigação, o destino de todos terá sido decidido, ou para a vida, ou para a morte. O tempo da graça finaliza pouco antes do aparecimento do Senhor nas nuvens do céu." (O Grande Conflito, 490).

DESCONHECIMENTO DO DIA

8. Que tempo termina quando cessa a intercessão de Cristo?

"Termina o tempo da graça; a intercessão de Cristo cessa no Céu. Esse tempo afinal virá repentinamente sobre todos, e os que não purificarem a alma pela obediência à verdade, serão encontrados dormindo." (II Testemunho Para a Igreja, 191).

9. Como se dará a terminação do tempo da graça?

"Quando terminar o tempo da graça, isso se dará repentina e inesperadamente – numa ocasião em que menos o esperarmos." (VII The Seventh-day Adventist Bible Commentary, 989).

10. O que os habitantes da Terra não o saberão?

"Quando a decisão irrevogável do santuário houver sido pronunciada, e para sempre tiver sido fixado o destino do mundo, os habitantes da Terra não o saberão." (O Grande Conflito, 615).

CONCLUSÃO

11. Até o que tempo da graça não encerrará?

"O Senhor do Céu não enviará Seus juízos destinados a punir a desobediência e transgressão, até que sejam proclamadas Suas advertências. Não encerrará o tempo da graça até que a mensagem seja mais distintamente proclamada. A lei divina deve ser engrandecida; seus reclamos, expostos em seu caráter legítimo e sagrado, para que o povo seja induzido a decidir-se pró ou contra a verdade." (II Testemunhos Seletos, 373).

12. A fim de que o precioso tempo da graça é concedido?

"O precioso tempo da graça é concedido a fim de ser aproveitado em lavar nossas vestes de caráter e branqueá-las no sangue do Cordeiro. O remover as manchas do pecado requer a obra de toda uma existência. Necessitam-se dia a dia novos esforços no refrear e negar o próprio eu." (Conselhos Sobre Educação, 43).

52
Retirada do Espírito Santo

INTRODUÇÃO

1. Quem está sendo gradualmente retirado da Terra?
"O Espírito de Deus está gradual, mas seguramente, sendo retirado da Terra. Pragas e juízos estão já caindo sobre os desprezadores da graça de Deus. As calamidades em terra e mar, as condições sociais agitadas, os rumores de guerra, são portentosos. Prenunciam a proximidade de acontecimentos da maior importância." (III Testemunhos Seletos, 280).

2. Quem está se retirando da Terra?
"O Espírito de Deus, insultado, rejeitado, injuriado, já está se retirando da Terra. À medida que o Espírito de Deus se for afastando, a cruel obra de Satanás se efetuará em terra e mar." (Manuscript, 134).

QUANDO O ESPÍRITO SANTO SERÁ RETIRADO

3. Quando o Espírito de Deus é retirado da Terra?
"Ao deixar Jesus Sua posição como intercessor do homem junto a Deus, faz-se o solene anúncio: 'Quem é injusto, faça injustiça ainda; e quem está sujo, suje-se ainda; e quem é justo, faça justiça ainda; e quem é santo, seja santificado ainda' Apocalipse 22:11. Então o Espírito repressor de Deus é retirado da Terra." (Patriarcas e Profetas, 201).

4. Sem o que os justos devem viver à vista de Deus?

"Deixando Ele o santuário, as trevas cobrem os habitantes da Terra. Naquele tempo terrível os justos devem viver à vista de um Deus santo, sem intercessor. Removeu-se a restrição que estivera sobre os ímpios, e Satanás tem domínio completo sobre os que finalmente se encontram impenitentes. Terminou a longanimidade de Deus." (O Grande Conflito, 612).

5. O que acontecerá quando Jesus deixar o Santíssimo?

"Quando Jesus deixar o Santíssimo, Seu Espírito refreador será retirado dos governantes e do povo. Serão deixados ao controle dos anjos maus. Então serão feitas, por conselho e direção de Satanás, leis que, se não fosse muito breve o tempo, nenhuma carne se salvaria." (I Testemunhos Seletos, 74).

O MUNDO FICA AO DOMÍNIO DE SATANÁS

6. O que continuarão a ser mantidas após a retirada do Espírito de Deus?

"As formas da religião continuarão a ser mantidas por um povo do qual finalmente o Espírito de Deus se terá retirado; e o zelo satânico com que o príncipe do mal os inspirará para o cumprimento de seus maldosos desígnios, terá a semelhança do zelo para com Deus." (O Grande Conflito, 615).

7. Quem é por fim será retirado?

"Os ímpios passaram os limites de seu tempo de graça; o Espírito de Deus, persistentemente resistido, foi, por fim, retirado. Desabrigados da graça divina, não têm proteção contra o maligno." (O Grande Conflito, 614).

8. Com a retirada do Espírito de Deus, o que Satanás fará?

"Satanás mergulhará então os habitantes da Terra em uma grande angústia final. Ao cessarem os anjos de Deus de conter os ventos impetuosos das paixões humanas, ficarão às soltas todos os elementos de contenda. O mundo inteiro se envolverá em ruína mais terrível do que a que sobreveio a Jerusalém na antiguidade." (O Grande Conflito, 613).

O CORAÇÃO CRUEL DOS HOMENS

9. Quem serão os primeiros a serem deixados pelo Espírito de Deus?

"Creio de todo o coração que o Espírito de Deus está sendo retirado do mundo, e os que tiveram grande luz e oportunidades, mas não as aproveitaram, serão os primeiros a serem deixados. Eles repeliram o Espírito de Deus. A atual atividade de Satanás, operando em corações, em igrejas e nações, devia surpreender a todo estudante da profecia. O fim está próximo." (III Mensagens Escolhidas, 154).

10. Sob o governo de quem ficarão os homens quando o Espírito de Deus for retirado?

"Como os defensores da verdade se recusem a honrar o descanso dominical, alguns deles serão lançados na prisão, exilados, e outros tratado como escravos. Para a sabedoria humana, tudo isto parece agora impossível: mas, ao ser retirado dos homens o Espírito de Deus, o qual tem o poder de reprimi-los, e ao ficarem eles sob o governo de Satanás, que odeia os preceitos divinos, hão de acontecer coisas estranhas. Quando o temor e o amor de Deus são removidos, o coração pode tornar-se muito cruel." (O Grande Conflito, 608).

11. O que não será mais contido quando for retirado o Espírito de Deus?

"Os registros do passado – o longo cortejo de tumultos, conflitos e revoluções, a 'armadura daqueles que pelejavam com ruído, e os vestidos que rolavam no sangue' (Isaías 9:5) – que são, em contraste com os terrores daquele dia em que o Espírito de Deus será totalmente retirado dos ímpios, não mais contendo a explosão das paixões humanas e ira satânica! O mundo contemplará então, como nunca dantes, os resultados do governo de Satanás." (O Grande Conflito, 37).

CONCLUSÃO

12. O que será sentida pelos governantes e pelo povo?

"Mas, enquanto Jesus permanece como intercessor do homem no santuário celestial, a influência repressora do Espírito Santo é sentida pelos governantes e pelo povo. Essa influência governa, ainda, até certo ponto, as leis do país. Não fossem estas, e a condição do mundo seria muito pior do que ora é." (O Grande Conflito 610).

53
As Sete Últimas Pragas

INTRODUÇÃO

1. O que serão derramadas?

"As nações estão-se irando agora, mas, quando nosso Sumo Sacerdote concluir Sua obra no santuário, Ele Se levantará, envergará as vestes de vingança, e então as sete últimas pragas serão derramadas." (Primeiros Escritos, 36).

2. Quando será derramada a ira de Deus?

"Quando Cristo cessar de interceder no santuário, será derramada a ira que, sem mistura, se ameaçara fazer cair sobre os que adoram a besta e sua imagem, e recebem o seu sinal." (O Grande Conflito, 627).

CONDIÇÃO PARA A QUEDA DAS PRAGAS

3. Sem o que a ira de Deus não se manifestará?

"Vi que Jesus não abandonaria o lugar santíssimo sem que cada caso fosse decidido, ou para a salvação ou para a destruição; e que a ira de Deus não poderia manifestará sem que Jesus concluísse Sua obra no lugar santo, depusesse Seus atavios sacerdotais, e Se vestisse com vestes de vingança." (Maranata! Meditação Matinal, 256).

4. O que era impossível enquanto Jesus oficiava no santuário?

"Era impossível serem derramadas as pragas enquanto Jesus oficiava no santuário; mas, terminando ali a Sua obra, e encerrando-se a Sua intercessão, nada havia para deter a ira de Deus, e ela irrompeu com fúria sobre a cabeça desabrigada do pecador culpado, que desdenhou a salvação e odiou a correção." (Primeiros Escritos, 280).

5. Até quando os quatro anjos segurariam os quatro ventos?

"Os quatro anjos segurariam os quatro ventos até que a obra de Jesus estivesse terminada no santuário, e então viriam as sete últimas pragas." (Primeiros Escritos, 36).

6. Quando as sete últimas pragas serão derramadas?

"Foi-me mostrado que as sete últimas pragas serão derramadas depois que Jesus deixar o santuário." (Primeiros Escritos, 52).

EXTENSÃO DAS PRAGAS

7. Como serão os juízos que devem cair sobre o mundo?

"As pragas que sobrevieram ao Egito quando Deus estava prestes a libertar Israel, eram de caráter semelhante aos juízos mais terríveis e extensos que devem cair sobre o mundo precisamente antes do libertamento final do povo de Deus." (O Grande Conflito, págs. 627).

8. O que não é de caráter universal?

"Estas pragas não são universais, ao contrário os habitantes da Terra seriam inteiramente exterminados. Contudo serão os mais terríveis flagelos que já foram conhecidos por mortais." (O Grande Conflito, 626).

PROTEÇÃO DIVINA

9. O que nos diz como podemos escapar às sete últimas pragas?

"A Palavra de Deus diz-nos como nós podemos tornar cristãos perfeitos, e escapar às sete últimas pragas." (I Testemunhos Seletos, 25).

10. O que está preparando o caminho para as pragas?

"Nossa obra deve iluminar o mundo; pois ele está cego para os movimentos que estão tomando posição, preparando o caminho para as pragas que Deus permitirá sobrevenham ao mundo. As fiéis testemunhas de Deus devem dar a advertência." (Medicina e Salvação, 160).

CONCLUSÃO

11. Quem será chamado antes que as pragas sejam derramadas?

"Vi que Deus tem filhos honestos entre os adventistas nominais e as igrejas caídas, e antes que as pragas sejam derramadas, ministros e povo serão chamados a sair dessas igrejas e alegremente receberão a verdade." (Primeiros Escritos, 261).

12. O que prepara os santos para as sete últimas pragas?

"Nesse tempo a chuva serôdia, ou o refrigério pela presença do Senhor, virá, para dar poder à grande voz do terceiro anjo e preparar os santos para estarem de pé no período em que as sete últimas pragas serão derramadas." (Primeiros Escritos, 85).

54
As Pragas e os Ímpios

INTRODUÇÃO

1. Sobre quem Jesus derramará Sua ira?

"Então Jesus sairá de entre o Pai e os homens, e Deus não mais silenciará, mas derramará Sua ira sobre aqueles que rejeitaram Sua verdade." (Vida e Ensinos, 100).

2. Sobre quem as sete últimas pragas estão prestes a cair?

"As sete últimas pragas estão prestes a cair sobre os desobedientes. Muitos têm deixado o convite do evangelho passar desatendido." (Review and Herald, 23 de julho de 1895).

JUÍZO SEM MISERICÓRDIA

3. Como é derramada a ira no juízo final?

"Todos os juízos sobre os homens, antes do final do tempo da graça, foram misturados com misericórdia. O sangue propiciatório de Cristo tem livrado o pecador de os receber na medida completa de sua culpa; mas no juízo final a ira é derramada sem mistura de misericórdia." (O Grande Conflito, 627).

4. O que será demasiado tarde quando as pragas forem derramadas?

"Já algumas gotas da ira de Deus caíram sobre a Terra; quando, porém, as sete últimas pragas forem derramadas sem mistura no cálice de Sua indignação, então para sempre será demasiado tarde para o arrependimento e procura de um abrigo." (II Testemunhos Seletos, 67).

5. Que período não haverá quando as pragas começarem a cair?

"Logo o mundo será abandonado pelo anjo da misericórdia, e as sete últimas pragas estão para ser derramadas. Os raios da ira de Deus estão prestes a cair, e quando Ele começar a punir os transgressores, não haverá um período de pausa até ao fim." (Testemunhos Para Ministros, 182).

DESESPEROS DOS ÍMPIOS

6. O que alguns habitantes da Terra pediam ao povo de Deus?

"As pragas estavam caindo sobre os habitantes da Terra. Alguns estavam acusando a Deus e amaldiçoando-O. Outros se precipitavam para o povo de Deus, e pediam que lhes ensinassem como poderiam escapar dos Seus juízos. Mas os santos nada tinham para eles." (Primeiros Escritos, 281).

7. Como ficaram muitos dos ímpios ao sofrer os efeitos das pragas?

"Muitos dos ímpios ficaram grandemente enraivecidos, ao sofrer os efeitos das pragas. Foi uma cena de terrível aflição. Pais estavam amargamente a exprobrar seus filhos, e filhos a seus pais, irmãos a suas irmãs, e irmãs a seus irmãos. Altos clamores de pranto eram ouvidos de todos os lados: 'Foste tu que me impediste de receber a verdade que me haveria salvado desta hora terrível'!" (Primeiros Escritos, 282).

OS FALSOS PASTORES

8. Contra quem o povo se une?

"O povo vê que foi iludido. Um acusa ao outro de o ter levado à destruição; todos, porém, se unem em acumular suas mais amargas condenações contra os ministros. Pastores infiéis profetizaram coisas agradáveis, levaram os ouvintes a anular a lei de Deus e a perseguir os que a queiram santificar. Agora, em seu desespero, esses ensinadores confessam perante o mundo sua obra de engano." (O Grande Conflito, 655).

9. Como o povo volvia-se a seus ministros?

"O povo volvia-se a seus ministros com ódio atroz e os exprobrava, dizendo: 'Não nos advertistes. Dissestes-nos que o mundo inteiro deveria converter-se, e clamastes: Paz, Paz, para acalmardes todo o temor que se despertava. Não nos falastes a respeito desta hora; e àqueles que nos avisaram a tal respeito declarastes serem fanáticos e homens maus, os quais causariam a nossa ruína.' Os ministros não escaparam da ira de Deus. Seu sofrimento foi dez vezes maior do que o de seu povo." (Primeiros Escritos, 282).

10. Quem foi objeto especial da ira de Jeová?

"A ira de Deus, nas sete últimas pragas, fora derramada sobre os habitantes da Terra, fazendo-os morder a língua de dor e amaldiçoar a Deus. Os falsos pastores foram objeto especial da ira de Jeová. Os olhos se lhes consumiram nas órbitas, e a língua na sua boca, enquanto estavam em pé." (História da Redenção, 415).

CONCLUSÃO

11. O que enfureceram os ímpios contra os justos?

"Estas pragas enfureceram os ímpios contra os justos, pois pensavam que nós havíamos trazido os juízos divinos sobre eles, e que se pudessem livrar a Terra de nós, as pragas cessariam. Saiu um decreto para se matarem os santos, o que fez com que estes clamassem dia e noite por livramento. Este foi o tempo de angústia de Jacó." (Primeiros Escritos, 36).

12. Quem protegerá os justos?

"Enquanto os ímpios estão a morrer de fome e pestilência, os anjos protegerão os justos, suprindo-lhes as necessidades." (O Grande Conflito, 629).

55
A Batalha do Armagedom

INTRODUÇÃO

1. O que será travada em breve?

"Em breve será travada a batalha do Armagedom. Aquele em cuja vestimenta está escrito o nome: Rei dos reis e Senhor dos senhores, conduz os exércitos do Céu montados em cavalos brancos e vestidos de linho fino, branco e puro." (VII The Seventh-day Adventist Bible Commentary, 982).

2. Quem tem uma parte a desempenhar na batalha do Armagedom?

"Os poderes do mal não capitularão no conflito sem uma luta. Mas a Providência Divina tem uma parte a desempenhar na batalha do Armagedom. Quando a Terra for iluminada com a glória do anjo de Apocalipse 18, os elementos religiosos, bons e maus, despertarão do sono, e os exércitos do Deus vivo ocuparão o campo." (VII The Seventh-day Adventist Bible Commentary, 983).

RAZÃO PARA O ARMAGEDOM

3. Quem se unirá sob a direção satânica para a batalha do Armagedom?

"Todos os que não têm o espírito da verdade e não obedecem aos mandamentos de Deus unir-se-ão sob a direção de instrumentos satânicos, porém não poderão pôr seus poderes em ação, até que venha o tempo para a batalha do

Armagedom". (VII The Seventh-day Adventist Bible Commentary, 967).

4. O Armagedom é uma controvérsia relativa ao que?

"O último grande conflito entre a verdade e o erro não é senão a luta final da prolongada controvérsia relativa à lei de Deus." (O Grande Conflito, 582).

5. Como estará o mundo quando for travada a trabalha do Armagedom?

"O mundo inteiro estará de um lado ou do outro da questão. Será travada a batalha do Armagedom, e esse dia não deverá encontrar nenhum de nós adormecido. Devemos estar bem despertos, como as virgens prudentes, tendo azeite em nossas vasilhas e em nossas lâmpadas." (Maranata! Medição Matinal, 255).

6. O que acontecerá aos que são leais a Deus?

"Na última grande batalha do conflito com Satanás, os que são leais a Deus hão de se ver privados de todo apoio terreno. Por se recusarem a violar-Lhe a lei em obediência a poderes terrestres, ser-lhes-á proibido comprar ou vender. Será afinal decretada a morte deles." (O Desejado de Todas as Nações, 86).

7. Na batalha do Armagedom quantos poderes haverá?

"Dois grandes poderes opostos são revelados na última grande batalha. De um lado está o Criador do Céu e da Terra. Todos os que se encontram do Seu lado têm o Seu selo. Eles são obedientes a Suas ordens. Do outro lado está o príncipe das trevas, com os que escolheram a apostasia e a rebelião." (VII The Seventh-day Adventist Bible Commentary, 982).

A ÚLTIMA BATALHA

8. O que manifestará cada vez mais?

"A inimizade de Satanás contra o bem manifestar-se-á cada vez mais, ao conduzir ele em atividade suas forças em sua última obra de rebelião; e toda alma que não esteja inteiramente entregue a Deus e não seja guardada pelo poder divino, fará uma aliança com Satanás contra o Céu e se unirá na batalha contra o Governador do Universo." (Testemunhos Para Ministros, 465).

9. Quem será forçado a unir-se a Satanás?

"Os espíritos diabólicos sairão aos reis da Terra e ao mundo inteiro, para segurá-los no engano, e força-los a se unirem a Satanás em sua última luta contra o governo do Céu. Mediante estes agentes, serão enganados tanto governantes como súditos." (O Grande Conflito, 624).

10. Que última grande batalha travar-se-á?

"Os principados e potestades da Terra encontram-se empenhados em irada revolta contra o Deus do Céu. Estão cheios de ódio contra os que servem ao Senhor, e logo, muito logo, travar-se-á a última grande batalha entre o bem e o mal. A Terra será o campo de batalha: o cenário do conflito final e final vitória. Aqui, onde por tanto tempo Satanás tem induzido os homens a ir contra Deus, a rebelião há de ser suprimida para sempre." (Review and Herald, 13 de maio de 1902).

CONCLUSÃO

11. O mal será mantido sobre controle até quando?

"As nações do mundo são ávidas de conflito; mas elas são detidas pelos anjos. Quando for removido esse poder repressor, haverá um tempo de aflição e angústia. Serão inventados mortíferos instrumentos de guerra. Navios, com sua carga viva, serão sepultados nas profundezas do mar. Todos os que não possuem o espírito da verdade unir-se-ão sob a liderança de agentes satânicos. Mas devem ser mantidos sob controle até chegar o tempo para a grande batalha do Armagedom." (Carta 79, 1900).

12. Quem se arregimentação para a última grande batalha?

"Por enquanto os quatro ventos estão sendo retidos até que os servos de Deus sejam assinalados na fronte. Então os poderes da Terra arregimentarão suas forças para a última grande batalha. Quão cuidadosamente deveríamos aproveitar o pequeno período restante de nosso tempo de graça!" (Maranata! Meditação Matinal, 241).

56
O Decreto de Morte

INTRODUÇÃO

1. A quem os ímpios atribuem a queda das pragas?

"Vi que os quatro anjos segurariam os quatro ventos até que a obra de Jesus estivesse terminada no santuário, e então viriam as sete últimas pragas. Estas pragas enfureceram os ímpios contra os justos, pois pensavam que nós havíamos trazido os juízos divinos sobre eles, e que se pudessem livrar a Terra de nós, as pragas cessariam." (Primeiros Escritos, 36).

2. Que decreto saiu?

"Saiu um decreto para se matarem os santos, o que fez com que estes clamassem dia e noite por livramento. Este foi o tempo de angústia de Jacó. Então todos os santos clamaram com angústia de espírito, e alcançaram livramento pela voz de Deus." (Primeiros Escritos, 36).

3. O que foi feito pela mais elevada autoridade terrestre?

"Estes poucos remanescentes, incapazes de se defenderem no conflito mortal com os poderes da Terra arregimentados pelas forças do dragão, fazem de Deus a sua defesa. Pela mais elevada autoridade terrestre foi feito o decreto para que, sob pena de perseguição e morte, adorem a besta e recebam seu sinal." (II Testemunhos Seletos, 67).

A SEVERIDADE DO CASTIGO

4. Que decreto sairá?

"Está prestes a sobrevir ao povo de Deus o tempo de angústia. Então é que sairá o decreto que proíbe aos que guardam o sábado do Senhor, comprar ou vender, ameaçando-os de punição, e mesmo de morte, se não observarem como dia de descanso o primeiro dia da semana." (Meditações Matinais, 1968, 344).

5. Como serão punidos todos os que não reverenciarem o domingo?

"Assim como Nabucodonosor, o rei de Babilônia promulgou um decreto de que todos os que não se prostrassem e adorassem essa imagem seriam mortos, também será feita uma proclamação de que todos os que não reverenciarem a instituição do domingo serão punidos com prisão e morte." (XIV Manuscript Releases, 91).

O DECRETO DE MORTE

6. Contra quem será expedido um decreto de morte?

"Expedir-se-á, por fim, um decreto contra os que santificam o sábado do quarto mandamento, denunciando-os como merecedores do mais severo castigo, e dando ao povo liberdade para, depois de certo tempo, matá-los." (O Grande Conflito, 615).

7. Que decreto sairá?

"Sairá o decreto para que eles rejeitem o sábado do quarto mandamento e honrem o primeiro dia, ou morram; eles não cederão, porém, para pisar a pés o sábado do Senhor e honrar uma instituição do papado. As hostes de Satanás e homens ímpios os rodearão, e exultarão sobre eles, pois parecerá não haver escape para eles." (E Recebereis Poder - Meditação Matinal, 344).

UM DECRETO UNIVERSAL

8. O que um decreto universal denunciará contra os santos?

"A ira do homem será especialmente despertada contra os que santificam o sábado do quarto mandamento; e por fim um decreto universal denunciará a estes como dignos de morte." (Profetas e Reis, 512).

9. O que haverá em diferentes países contra os santos?

"Quando a proteção das leis humanas for retirada dos que honram a lei de Deus, haverá, nos diferentes países, um movimento simultâneo com o fim de destruí-los. Aproximando-se o tempo indicado no decreto, o povo conspirará para desarraigar a odiada seita. Resolver-se-á dar em uma noite um golpe decisivo, que faça silenciar por completo a voz de dissentimento e reprovação." (Maranata! - Meditação Matinal, 276).

CONCLUSÃO

10. O que os ímpios fizeram em alguns lugares antes de expirar o prazo do decreto de morte?

"Em alguns lugares, antes do tempo para se executar o decreto, os ímpios caíram sobre os santos para os matar; mas anjos, sob a forma de homens de guerra, combatiam por eles." (História da Redenção, 406).

11. Que prazo foi fixado no decreto de morte?

"Posto que um decreto geral haja fixado um tempo em que os observadores dos mandamentos poderão ser mortos seus inimigos nalguns casos se antecipam ao decreto e, antes do tempo especificado, se esforçam por tirar-lhes a vida. Mas ninguém pode passar através dos poderosos guardas estacionados em redor de toda alma fiel. Alguns são assaltados ao fugirem das cidades e vilas; mas as espadas contra eles levantadas se quebram e caem tão impotentes como a palha. Outros são defendidos por anjos sob a forma de guerreiros." (Maranata! - Meditação Matinal, 266).

12. Com o que Deus não consentiria?

"Deus não consentiria que os ímpios destruíssem aqueles que estavam esperando pela trasladação, e que se não encurvaram ao decreto da besta nem receberam o seu sinal. Vi que, se fosse permitido aos ímpios matar os santos, Satanás e todo seu exército maléfico, e todos os que odeiam a Deus, ficariam satisfeitos." (História da Redenção, 408).

57
O Tempo de Angústia

INTRODUÇÃO

1. O que foi que ocasionou o tempo de angústia de Jacó?

"Estas pragas enfureceram os ímpios contra os justos, pois pensavam que nós havíamos trazido os juízos divinos sobre eles, e que se pudessem livrar a Terra de nós, as pragas cessariam. Saiu um decreto para se matarem os santos, o que fez com que estes clamassem dia e noite por livramento. Este foi o tempo de angústia de Jacó." (Primeiros Escritos, 36).

2. Como o profeta descreveu as cenas de aflição e angústia?

"O romanismo no Velho Mundo, o protestantismo apóstata no Novo, adotarão uma conduta idêntica para com aqueles que honram todos os preceitos divinos. O povo de Deus será então imerso naquelas cenas de aflição e angústia descritas pelo profeta como o tempo de angústia de Jacó." (O Grande Conflito, 615).

O PREPARO NECESSÁRIO

3. Quando a obra de Satanás atingirá o auge?

"A ira de Satanás aumenta à medida em que o tempo se abrevia, e sua obra de engano e destruição atingirá o auge no tempo de angústia." (Grande Conflito, 623).

4. O que não pode ser obtida no tempo de angústia?

"Aqueles que adiaram a preparação para o dia de Deus não poderão obtê-la no tempo de angústia, ou em algum período futuro." (E Recebereis Poder - Meditação Matinal, 345).

5. Quem deve refletir completamente a imagem de Jesus?

"Os que hão de receber o selo do Deus vivo e ser protegidos, no tempo de angústia, devem refletir completamente a imagem de Jesus." (Primeiros Escritos, 70).

6. Quando crescerão os membros do corpo de Cristo?

"Ao se aproximarem os membros do corpo de Cristo do período de sua luta final, 'o tempo da angústia de Jacó', crescerão em Cristo, e partilharão grandemente de Seu Espírito." (I Testemunhos Seletos, 131).

ANGÚSTIA DE JACÓ

7. O que representa a angústia de Jacó?

"Jacó e Esaú representam duas classes: Jacó, os justos, e Esaú, os ímpios. A angústia de Jacó, quando compreendeu que Esaú estava marchando contra ele com quatrocentos homens, representa a angústia dos justos ante o decreto que os condena à morte, exatamente antes da vinda do Senhor. Com os ímpios unidos contra eles, serão tomados de angústia, pois como Jacó, não podem ver escape para sua vida." (História da Redenção, 97)

8. O que representa a prova pela qual o povo de Deus deverá passar?

"A experiência de Jacó durante aquela noite de luta e angústia representa a prova pela qual o povo de Deus deverá passar precisamente antes da segunda vinda de Cristo." (Patriarcas e Profetas, 201).

9. O que os santos clamavam dia e noite?

"Foi uma hora de angústia assustadora, terrível, para os santos. Dia e noite clamavam a Deus, pedindo livramento. Quanto à aparência exterior, não havia possibilidade de escape. Os ímpios já tinham começado a triunfar, clamando: 'Por que vosso Deus não vos livra de nossas mãos? Por que não ascendeis ao Céu, e salvais a vossa vida?' Mas os santos não lhes prestavam atenção. Como Jacó, estavam lutando com Deus." (História da Redenção, 407).

10. Quando todo caso estará decidido?

"Quando vier este tempo de angústia, todo caso estará decidido; não mais haverá graça, nem misericórdia para o impenitente. O selo do Deus vivo estará sobre o Seu povo. Estes poucos remanescentes, incapazes de se defenderem no conflito mortal com os poderes da Terra, arregimentados pelas forças do dragão, fazem de Deus a sua defesa." (II Testemunhos Seletos, 67).

CONCLUSÃO

10. O que o tempo de angústia exigirá?

"O tempo de agonia e angústia que diante de nós está, exigirá uma fé que possa suportar o cansaço, a demora e a fome - fé que não desfaleça ainda que severamente provada." (O Grande Conflito, 621).

7. O que fortalece os membros do corpo de Cristo para passar pelo tempo de angústia?

"É a chuva serôdia que os vivifica e fortalece para passar pelo tempo de angústia. Seus rostos brilharão com a glória daquela luz que acompanha a mensagem do terceiro anjo." (E Recebereis Poder - Meditação Matinal, 344).

58
A Grande Tribulação

INTRODUÇÃO

1. Que tempo representa a experiência do povo de Deus?

A noite de angústia de Jacó, quando lutou em oração para obter livramento da mão de Esaú, representa a experiência do povo de Deus no tempo de tribulação. (O Grande Conflito, 616).

2. Quem são os que triunfaram no tempo de angústia?

"Saiu um decreto para se matar os santos, o que fez com que estes clamassem dia e noite por livramento. Este foi o tempo da angústia de Jacó." (Primeiros Escritos, 37).

3. Quem são os que vieram de grande tribulação?

"Ninguém, a não ser os cento e quarenta e quatro mil, pode aprender aquele canto, pois é o de sua experiência - e nunca ninguém teve experiência semelhante. 'Estes são os que vieram de grande tribulação' (Apocalipse 7:14); passaram pelo tempo de angústia tal como nunca houve desde que houve nação; suportaram a aflição do tempo da angústia de Jacó; permaneceram sem intercessor durante o derramamento final dos juízos de Deus. Mas foram livres, pois 'lavaram os seus vestidos, e os branquearam no sangue do Cordeiro'. Viram a Terra devastada pela fome e pestilência, o Sol com poder para abrasar os homens com grandes calores, e eles próprios suportaram o sofrimento, a fome e a sede." (O Grande Conflito, 649).

GRANDE TRIBULAÇÃO

4. Pelo que o povo de Deus hão de passar?

"Foi-me mostrada a posição elevada e de responsabilidade que o povo de Deus deve ocupar. Eles são o sal da Terra e a luz do mundo, e devem andar assim como Cristo andou. Hão de passar por grande tribulação." (I Testemunhos Seletos, 101).

5. Que adoração os homens queriam impor aos que vieram de grande tribulação?

"Outro ser celestial exclamou com voz firme e musical: 'Eles vieram de grande tribulação. Andaram na fornalha ardente no mundo, aquecida intensamente pelas paixões e fantasias de homens que queriam impor-lhes a adoração da besta e sua imagem', que queriam compeli-los a ser desleais ao Deus do Céu." (III Mensagens Escolhidas, 429).

OS VENCEDORES

6. De onde terão vindo os que forem encontrados trajando a veste nupcial?

"Lembrai-vos, porém, de que todos os que forem encontrados trajando a veste nupcial terão vindo de grande tribulação. As poderosas vagas da tentação se abaterão sobre todos. Mas a longa noite de vigilância, luta e aflição está quase terminada. Cristo virá em breve. Preparai-vos!" (Review and Herald, 17 de abril de 1894).

7. Quem pode gozar da beleza do Céu?

"Unicamente os que partilharam dos sofrimentos do Filho de Deus, saíram de grande tribulação, lavaram seus vestidos e os branquearam no sangue do Cordeiro, podem gozar da indescritível excelência e inexcedível beleza do Céu." (I Testemunhos Seletos, 48).

A GRANDE TRIBULAÇÃO E OS 144.000

8. De onde vieram os 144.000?

"Ninguém, a não ser os cento e quarenta e quatro mil, pode aprender aquele canto, pois é o de sua experiência - e nunca ninguém teve experiência semelhante. 'Estes são os que seguem o Cordeiro para onde quer que vai.' Apocalipse 14:1-5. 'Estes, tendo sido trasladados da Terra, dentre os vivos, são tidos como as primícias para Deus e para o Cordeiro.' Apocalipse 15:3. 'Estes são os que vieram de grande tribulação' (Apocalipse 7:14)." (Eventos Finais, 268).

9. De onde vêm aqueles em quem não se achou mentira na sua boca?

"'E não se achou mentira na sua boca.' Apoc. 14:5. 'São estes os que vêm da grande tribulação, lavaram suas vestiduras e as alvejaram no sangue do Cordeiro, razão por que se acham no trono de Deus e o servem de dia e de noite no seu santuário.' Apocalipse 7:14 e 15." (Vida de Jesus, 186).

10. De onde veio o povo de Cristo?

"Oh! Se me fosse dado falar a língua de Canaã, poderia então contar um pouco das glórias do mundo melhor. Vi lá mesas de pedra, em que estavam gravados com letras de ouro os nomes dos 144.000. Depois de contemplar a beleza do templo, saímos, e Jesus nos deixou e foi à cidade. Logo Lhe ouvimos de novo a delicada voz, dizendo: 'Vinde, povo Meu; viestes da grande tribulação, e fizestes Minha vontade; sofrestes por Mim; vinde à ceia, pois Eu Me cingirei e vos servirei.' Nós exclamamos: 'Aleluia! Glória!' e entramos na cidade." (Primeiros Escritos, 19).

CONCLUSÃO

11. Quem são os que vieram de grande tribulação?

"Em visão, contemplou o profeta a vitória do povo de Deus. Diz ele: 'E vi um como mar de vidro misturado com fogo e também os que saíram vitoriosos da besta, e da sua imagem, e do seu sinal, e do número do seu nome, que estavam junto ao mar de vidro e tinham as harpas de Deus. E cantavam o cântico de Moisés, servo de Deus, e o cântico do Cordeiro, dizendo: Grandes e maravilhosas são as Tuas obras, Senhor, Deus Todo-poderoso! Justos e verdadeiros são os Teus caminhos, ó Rei dos santos!' Apocalipse 15:2-3. 'Estes são os que vieram de grande tribulação, lavaram as suas vestes e as branquearam no sangue do Cordeiro. Por isso estão diante do trono de Deus e O servem de dia e de noite no Seu templo; e Aquele que está assentado sobre o trono os cobrirá com a Sua sombra.' Apocalipse 7:14-15." (O Maior Discurso de Cristo, 31).

12. Onde estarão os que vieram de grande tribulação?

"Todas as classes, todas as nações, tribos, povos e línguas estarão perante o trono de Deus e do Cordeiro, com suas vestes imaculadas e coroas gloriosas. Disse o anjo: 'Estes são os que vieram de grande tribulação, e lavaram suas vestiduras e as branquearam, ao passo que aqueles que são amantes de prazeres mais do que amantes de Deus, os condescendentes consigo mesmos e desobedientes, perderam ambos os mundos. Não têm nem as coisas desta vida nem a vida imortal'." (Maranata! - Meditação Matinal, 327).

59
A Grande Multidão

INTRODUÇÃO

1. Como Jesus queria ser honrado trasladando os fiéis?

"Deus queria ser honrado fazendo um concerto com aqueles que haviam guardado Sua lei, à vista dos gentios em redor deles; e Jesus queria ser honrado, trasladando, sem que vissem a morte, os fiéis e expectantes, que durante tanto tempo O haviam esperado." (Primeiros Escritos, 283).

2. O que tinham na testa aqueles que guardam os mandamentos de Deus e a fé de Jesus?

"Este culto dos demônios lhe foi revelado e pareceu-lhe que todo o mundo estava à borda da perdição. Mas enquanto olhava com grande interesse, notou a assembleia dos que guardam os mandamentos de Deus. Tinham na testa o selo do Deus vivo, e disse: 'Aqui está a paciência dos santos; aqui estão os que guardam os mandamentos de Deus e a fé de Jesus'." (II Testemunhos Seletos, 370).

OS 144.000 E A GRANDE MULTIDÃO

3. Quem foi trasladado da Terra?

"Ninguém a não ser os centos e quarenta e quatro mil, pode aprender aquele canto, pois e o de sua experiência... 'Estes, tendo sito trasladados da Terra, dentre os vivos, são tidos como as primícias para Deus e para o Cordeiro' Apocalipse 14:4." (O Grande Conflito, 654).

4. Quem veio de grande tribulação?

"Ninguém a não ser os centos e quarenta e quatro mil, pode aprender aquele canto, pois e o de sua experiência... 'Estes são os que vieram de grande tribulação' Apocalipse 7:14." (O Grande Conflito, 654).

5. Quem passou pelo tempo da angústia?

"Ninguém a não ser os centos e quarenta e quatro mil, pode aprender aquele canto, pois e o de sua experiência... passaram pelo tempo de angústia tal como nunca houve desde que houve nação; suportaram a aflição do tempo da angústia de Jacó." (O Grande Conflito, 654).

6. Quem permaneceu sem intercessor?

"Ninguém a não ser os centos e quarenta e quatro mil, pode aprender aquele canto, pois e o de sua experiência... permaneceram sem intercessor durante o derramamento final dos juízos de Deus." (O Grande Conflito, 654).

7. Quem lavou os seus vestidos?

"Ninguém a não ser os centos e quarenta e quatro mil, pode aprender aquele canto, pois e o de sua experiência... Mas foram livres, pois 'lavaram os seus vestidos, e os branquearam no sangue do Cordeiro' Apocalipse 7:14." (O Grande Conflito, 654).

8. Quem está diante do trono de Deus?

"Ninguém a não ser os centos e quarenta e quatro mil, pode aprender aquele canto, pois e o de sua experiência... 'Por isso estão diante do trono de Deus, e O servem de dia e de noite no Seu templo' Apocalipse 7:15." (O Grande Conflito, 654).

9. Quem nunca mais terá fome?

"Ninguém a não ser os centos e quarenta e quatro mil, pode aprender aquele canto, pois e o de sua experiência... Mas 'nunca mais terão fome, nunca mais terão sede; nem Sol nem calma alguma cairá sobre eles' Apocalipse 7:16." (O Grande Conflito, 654).

10. Quem será apascentado?

"Ninguém a não ser os centos e quarenta e quatro mil, pode aprender aquele canto, pois e o de sua experiência... 'Porque o Cordeiro que está no meio do trono os apascentará, e lhes servirá de guiar para as fontes das águas da vida; e Deus limpará de seus olhos toda a lágrima' Apocalipse 7:17." (O Grande Conflito, 654).

CONCLUSÃO

11. Quem eram os santos vivos?

"Logo ouvimos a voz de Deus, semelhante a muitas águas, a qual nos anunciou o dia e a hora da vinda de Jesus. Os santos vivos, em número de 144.000, reconheceram e entenderam a voz, ao passo que os ímpios julgaram fosse um trovão ou terremoto." (Primeiros Escritos, 15).

12. Quem está reunida diante do mar cristalino?

"No mar cristalino diante do trono, naquele mar como que de vidro misturado com fogo – tão resplendente é ele pela glória de Deus – está reunida a multidão dos que 'saíram vitoriosos da besta, e da sua imagem, e do seu sinal, e do número do seu nome' Apocalipse 15:2" (O Grande Conflito, 653).

60
O Livramento dos Santos

INTRODUÇÃO

1. O que levou os santos a clamarem dia e noite por livramento?

"Estas pragas enfureceram os ímpios contra os justos, pois pensavam que nós havíamos trazido os juízos divinos sobre eles, e que se pudessem livrar a Terra de nós, as pragas cessariam. Saiu um decreto para se matarem os santos, o que fez com que estes clamassem dia e noite por livramento." (Primeiros Escritos, 36-37).

2. Em que hora Deus intervirá para o livramento dos santos?

"O povo de Deus - alguns nas celas das prisões, outros escondidos nos retiros solitários das florestas e montanhas pleiteia ainda a proteção divina, enquanto por toda parte grupos de homens armados, instigados pelas hostes de anjos maus, se estão preparando para a obra de morte. É então, na hora de maior aperto, que o Deus de Israel intervirá para o livramento de Seus escolhidos." (O Grande Conflito, 635).

HORA DE ANGÚSTIA

3. O que parecia a todos?

"Foi uma hora de angústia medonha, terrível, para os santos. Dia e noite clamavam a Deus, pedindo livramento. Quanto à aparência exterior, não havia possibilidade de escapar. Os ímpios já tinham começado a triunfar, clamando: 'Por que vosso Deus não vos livra de nossas mãos? Por que não ascendes ao Céu, e salvais a vossa vida?' Mas os santos não lhes prestavam atenção." (Primeiros Escritos, 283).

4. O que parecerá aos olhos humanos?

"Aos olhos humanos, parecerá, todavia, que o povo de Deus logo deverá selar seu testemunho com seu sangue, assim como fizeram os mártires antes deles. Eles mesmos começam a recear que o Senhor os abandonou para sucumbirem às mãos de seus inimigos. É um tempo de terrível agonia. Dia e noite clamam a Deus rogando livramento." (O Grande Conflito, 630).

5. No tempo de angústia o que poderia vencer os santos?

"No tempo de angústia, se o povo de Deus tivesse pecados não confessados que surgissem diante deles enquanto torturados pelo temor e angústia, seriam vencidos; o desespero suprimir-lhes-ia a fé, e não poderiam ter confiança para suplicar de Deus o livramento. Mas, ao mesmo tempo em que têm uma profunda intuição de sua indignidade, não possuem falta oculta para revelar. Seus pecados foram examinados e extinguidos no juízo; não os podem trazer à lembrança." (O Grande Conflito, 620).

LIVRAMENTO

6. O que Jesus ordenou a Seus anjos sobre os santos?

"Jesus, porém, ordenou a Seus anjos que vigiassem sobre eles. Deus queria ser honrado fazendo um concerto com aqueles que haviam guardado Sua lei, à vista dos gentios em redor deles; e Jesus queria ser honrado, trasladando, sem que vissem a morte, os fiéis e expectantes, que durante tanto tempo O haviam esperado." (História da Redenção, 406).

7. Em que hora Deus preferiu livrar o Seu povo?

"Foi à meia-noite que Deus preferiu livrar o Seu povo. Estando os ímpios a fazer zombarias em redor deles, subitamente apareceu o Sol, resplandecendo em sua força e a Lua ficou imóvel. Os ímpios olhavam para esta cena com espanto, enquanto os santos viam, com solene alegria, os indícios de seu livramento." (História da Redenção, 409).

8. O que houve?

"Houve um grande terremoto. As sepulturas se abriram e os que haviam morrido na fé da mensagem do terceiro anjo, guardando o sábado, saíram de seus leitos de pó, glorificados, para ouvir o concerto de paz que Deus deveria fazer com os que tinham guardado a Sua lei." (História da Redenção, 409).

9. O que havia cessado sobre a multidão?

"Logo ouvi a voz de Deus, que abalou os céus e Terra. Houve forte terremoto. Os edifícios desmoronavam de todos os lados. Ouvi então uma triunfante aclamação de vitória, retumbante, melodiosa e límpida. Olhei para a multidão que pouco tempo antes estivera naquela angústia e escravidão. Seu cativeiro havia cessado. Uma gloriosa luz resplandecia sobre eles." (Vida e Ensinos, 178).

10. O que Deus anunciou e declarou?

"E ao anunciar Deus o dia e a hora da volta de Jesus e declarar o concerto eterno com Seu povo, Ele proferia uma sentença, e então fazia uma pausa, enquanto as palavras reboavam através da Terra. O Israel de Deus permanecia com os olhos fixos no alto, atento às palavras que vinham da boca de Jeová e rolavam através da Terra como trovoadas." (Primeiros Escritos, 34).

CONCLUSÃO

11. Por que causa os ímpios não podiam olhar para os santos?

"Os ímpios não podiam olhar para eles por causa da glória. E quando a interminável bênção foi pronunciada sobre os que haviam honrado a Deus e guardado o Seu santo sábado, houve um estrondoso clamor de vitória sobre a besta e a sua imagem." (Primeiros Escritos, 34).

12. Quem foi visto nas nuvens do céu?

"Os ímpios em redor deles, caíram como mortos; não podiam suportar a luz que brilhava sobre os que haviam tido livramento e eram santos. Essa luz e glória permaneceram sobre eles, até que Jesus foi visto nas nuvens do céu, e o grupo fiel e provado foi num momento, num abrir e fechar de olhos, transformado de glória em glória. E abriram-se as sepulturas, e os santos saíram revestidos de imortalidade." (Vida e Ensinos, 178).

61
A Ressurreição Especial

INTRODUÇÃO

1. Quem será ressuscitado para contemplar a glória de Cristo?

"'Os mesmos que O traspassaram' (Apocalipse 1:7), os que zombaram e escarneceram da agonia de Cristo, e os mais acérrimos inimigos de Sua verdade e povo, ressuscitam para contemplá-lo em Sua glória, e ver a honra conferida nos fiéis e obedientes." (O Grande Conflito, 635).

2. Quem será ressuscitado?

"Os que desempenharam a parte mais saliente na rejeição e crucifixão de Cristo ressuscitam para vê-Lo como Ele é, e os que rejeitaram a Cristo ressurgem e veem os santos glorificados, e é nessa ocasião que os santos são transformados num momento, num abrir e fechar d'olhos, e são arrebatados para o encontro com o seu Senhor nos ares." (IX Manuscript Releases, 252).

LEMBRANÇAS DO QUE FIZERAM

3. Quem são aqueles que pranteiam?

"Os mesmos que puseram nEle o manto de púrpura e Lhe colocaram sobre a fronte a coroa de espinhos, e os que Lhe perfuraram as mãos e os pés com os cravos, olham para Ele e pranteiam." (IX Manuscript Releases, 252).

4. Do que lembram aqueles que traspassaram a Jesus?

"Lembram como Seu amor foi menosprezado e como se abusou de Sua compaixão. Pensam em como Barrabás, um assassino e salteador, foi escolhido em Seu lugar, como Jesus foi coroado com espinhos, açoitado e crucificado." (Carta 131, 1900).

5. O que estará vívido na memória daqueles que traspassaram a Cristo?

"Todos os insultos e afrontas a Cristo, todo o sofrimento causado a Seus discípulos, estarão tão vívidos na memória deles como quando foram praticados os atos satânicos." (Carta 131, 1900).

6. A quem clamarão aqueles que traspassaram a Jesus?

"A voz que eles ouviram tantas vezes em rogos e persuasões lhes soará novamente nos ouvidos. Todo som de afável solicitação vibrará tão distintamente em seus ouvidos como quando o Salvador falou nas sinagogas e nas ruas. Então os que O traspassaram clamarão às rochas e montanhas para que caiam sobre eles e os escondam da face dAquele que Se assenta no trono, e da ira do Cordeiro." (Carta 131, 1900).

RESSURREIÇÃO ESPECIAL DOS JUSTOS

7. Quem saiu glorificado de seus leitos de pó?

"Houve um grande terremoto. As sepulturas se abriram e os que haviam morrido na fé da mensagem do terceiro anjo, guardando o sábado, saíram de seus leitos de pó, glorificados, para ouvir o concerto de paz que Deus deveria fazer com os que tinham guardado a Sua lei." (Primeiros Escritos, 285).

8. Quem sai glorificado do túmulo?

"Abrem-se sepulturas, e 'muitos dos que dormem no pó da terra ressuscitarão, uns para a vida eterna, e outros para vergonha e desprezo eterno'. Daniel 12:2. Todos os que morreram na fé da mensagem do terceiro anjo saem do túmulo glorificados, para ouvirem o concerto de paz, estabelecido por Deus com os que guardaram a Sua lei." (O Grande Conflito, págs. 635).

ESTARÃO JUNTOS COM OS 144.000

9. Que evento indica o momento em que as sepulturas se abriram?

"Houve um forte terremoto. As sepulturas se abriram, e os mortos saíram revestidos de imortalidade. Os 144.000 clamaram 'Aleluia!', quando reconheceram os amigos que deles tinham sido separados pela morte, e no mesmo instante fomos transformados e arrebatados juntamente com eles para encontrar o Senhor nos ares. (Primeiros Escritos, 16).

10. Quem se ergueria sobre a terra na ressurreição especial?

"Vi que ela [Sra. Hastings] estava selada, e à voz de Deus ressurgiria e se ergueria sobre a terra, e estaria com os 144.000. Vi que não precisamos chorar sobre ela; ela repousaria durante o tempo da angústia, e tudo que pudéssemos lamentar seria nossa perda de ficar privados de sua companhia. Vi que seu falecimento redundaria em bem." (II Mensagens Escolhidas, 263).

11. Com quem Ellen White teria o privilégio de visitar todos os mundos?

"Pedi ao meu anjo assistente que me deixasse ficar ali. Não podia suportar o pensamento de voltar a este mundo tenebroso. Disse então o anjo: 'Deves voltar e, se fores fiel, juntamente com os 144.000 terás o privilégio de visitar todos os mundos e ver a obra das mãos de Deus'." (Primeiros Escritos, 40).

CONCLUSÃO

12. Qual era o número dos santos vivos?

"Logo ouvimos a voz de Deus, semelhante a muitas águas, a qual nos anunciou o dia e a hora da vinda de Jesus. Os santos vivos, em número de 144.000, reconheceram e entenderam a voz, ao passo que os ímpios julgaram fosse um trovão ou terremoto." (Primeiros Escritos, 15).

62
A Segunda Vinda de Cristo

INTRODUÇÃO

1. Qual é uma das mais solenes verdades reveladas na Escritura Sagrada?

"Uma das verdades mais solenes, e não obstante mais gloriosas, reveladas na Escritura Sagrada, é a da segunda vinda de Cristo, para completar a grande obra da redenção." (O Grande Conflito, 298).

2. Qual é o sinal do Filho do homem?

"Surge logo no oriente uma pequena nuvem negra, aproximadamente do tamanho da mão de um homem. É a nuvem que rodeia o Salvador, e que, a distância, parece estar envolta em trevas. O povo de Deus sabe ser esse o sinal do Filho do homem." (I Testimonies, 60).

O DIA DA VINDA DE JESUS

3. O que não foi revelado?

"Mas o dia e hora de Sua vinda não foram revelados. Jesus declarou positivamente a Seus discípulos que Ele próprio não podia dar a conhecer o dia ou a hora de Sua segunda vinda. Houvesse estado na liberdade de revelar isto, que necessidade teria então de exortá-los a uma constante vigilância?" (O Desejado de Todas as Nações, 632).

4. O que se acha além do conhecimento dos mortais?

"O tempo exato da vinda de nosso Senhor, diz a Bíblia, acha-se além do conhecimento dos mortais. Mesmo os anjos que ministram aos que hão de ser herdeiros da salvação, não sabem o dia nem a hora." (I Testemunhos Seletos, 504).

VEM COM PODER E EM GLÓRIA

5. Quem vem com poder e grande glória?

"Cristo vem com poder e grande glória. Vem com Sua própria glória e com a glória do Pai. Vem com todos os santos anjos. Ao passo que o mundo todo estará mergulhado em trevas, haverá luz em todos os lares dos santos. Eles hão de captar os primeiros raios de luz de Sua segunda aparição." (Parábolas de Jesus, 420).

6. Jesus vem com a glória de quem?

"Nenhuma linguagem humana pode descrever as cenas da segunda vinda do Filho do homem nas nuvens do céu. Ele virá com a Sua própria glória, e com a glória do Pai e dos santos anjos. Ele virá trajado de uma veste de luz, por Ele usada desde os dias da eternidade. Acompanhar-Lo-ão os anjos. Miríades de miríades O escoltarão. Ouvir-se-á O som da trombeta, chamando da sepultura os santos adormecidos." (Maranata! Meditação Matinal, 290).

OS JUSTOS MORTOS

7. Com o que Enoque estivera perturbado?

"Enoque estivera perturbado com respeito aos mortos. Parecia-lhe que os justos e os ímpios iriam para o pó juntamente, e que este seria o seu fim. Não podia ver a vida do justo além da sepultura. Em visão profética foi instruído com relação à morte de Cristo, e foi-lhe mostrada a Sua vinda em glória, acompanhado por todos os santos anjos, para, da sepultura, resgatar o Seu povo." (Patriarca e Profetas, 85).

8. O que o Filho de Deus brada com as mãos para o céu?

"Por entre as vacilações da Terra, o clarão do relâmpago e o ribombo do trovão, a voz do Filho de Deus chama os santos que dormem. Ele olha para a sepultura dos justos e, levantando as mãos para o céu, brada: 'Despertai, despertai, despertai, vós que dormis no pó, e surgi!'". (A Verdade Sobre os Anjos, 278).

9. Como todos os justos surgem?

"Todos saem do túmulo com a mesma estatura que tinham quando ali entraram. Adão, que está em pé entre a multidão dos ressuscitados, é de grande altura e formas majestosas, de estatura pouco menor que o Filho de Deus. Apresenta assinalado contraste com o povo das gerações posteriores; sob este único ponto de vista se revela a grande degeneração da raça. Todos, porém, surgem com a vivacidade e vigor de eterna juventude." (O Grande Conflito, págs. 645).

OS JUSTOS VIVOS

10. O que acontece com os justos vivos?

"Os justos vivos são transformados 'num momento, num abrir e fechar de olhos'. I Coríntios 15:52. À voz de Deus foram eles glorificados; agora tornam-se imortais, e com os santos ressuscitados, são arrebatados para encontrar seu Senhor nos ares. Os anjos ajuntarão 'os Seus escolhidos, desde os quatro ventos, da extremidade da Terra até a extremidade do céu' Marcos 13:27." (O Grande Conflito, 645).

11. O que acontecerá com os que não obedecem ao evangelho?

"Cristo declarou que virá a segunda vez para reunir a Si os Seus fiéis: 'E todas as tribos da Terra se lamentarão, e verão o Filho do homem, vindo sobre as nuvens do céu, com poder e grande glória. E Ele enviará os Seus anjos com rijo clamor de trombeta, os quais ajuntarão os Seus escolhidos desde os quatro ventos, de uma a outra extremidade dos céus' Mat. 24:30-31. Então os que não obedecem ao evangelho serão consumidos pelo espírito de Sua boca, e serão destruídos com o resplendor de Sua vinda (II Tess. 2:8)." (O Grande Conflito, 37).

CONCLUSÃO

12. Para o que devemos nos preparar?

"Meu irmão, minha irmã, insisto em que vos prepareis para a vinda de Cristo nas nuvens do céu. Dia a dia tirai do vosso coração o amor do mundo. Sabei por experiência própria o que significa ter comunhão com Cristo. Preparai-vos para o juízo, para que, ao vir Cristo, para Se fazer admirável em todos os que creem, vós estejais entre os que O encontrarão em paz." (III Testemunhos Seletos, 432).

63

A Ressurreição Geral

INTRODUÇÃO

1. O que a Bíblia ensina claramente?

"A Bíblia claramente ensina que os mortos não vão imediatamente para o Céu. Eles são representados como estando a dormir até à ressurreição. No mesmo dia em que se quebra a cadeia de prata, e se despedaça o copo de ouro (Ecl. 12:6), perecem os pensamentos dos homens." (O Grande Conflito, 550).

2. O que ocorrerá por ocasião do advento do Salvador?

"Quando os cristãos tessalonicenses estavam cheios de pesar ao sepultarem os seus queridos, que haviam esperado viver para testemunharem a vinda de Jesus, S. Paulo, seu instrutor, apontou-lhes a ressurreição a ocorrer por ocasião do advento do Salvador." (Maranata! Meditação Matinal, 10).

O CARÁTER NÃO SERÁ MUDADO

3. O que não será modificado pela ressurreição?

"Os traços de caráter que acalentais na vida não serão modificados pela morte ou pela ressurreição. Saireis da sepultura com a mesma disposição que manifestastes em vosso lar e na sociedade. Jesus não altera o caráter em Sua vinda." (XIII Manuscript Releases, 82).

4. O que é preservada na ressurreição?

"Nossa identidade pessoal é preservada na ressurreição, se bem que não as mesmas partículas de matéria ou substância material que foram para a sepultura. As maravilhosas obras de Deus são um mistério para o homem. O espírito, o caráter do homem, volta a Deus, para ser preservado." (Maranata! Meditação Matinal, 299).

5. O que toda pessoa terá na ressurreição?

"Na ressurreição toda pessoa terá seu próprio caráter. Deus, em Seu devido tempo, despertará os mortos, dando novamente o fôlego de vida e ordenando que os ossos secos vivam. Aparecerá a mesma forma, mas estará isenta de doenças e de todo defeito." (Maranata! Meditação Matinal, 299).

OS PENSAMENTOS

6. Como é a sensação de tempo para os que descem à sepultura?

"Os que descem à sepultura estão em silêncio. Não mais sabem de coisa alguma que se faz debaixo do Sol. Bendito descanso para o justo cansado! Seja longo ou breve o tempo, não é para eles senão um momento. Dormem, e são despertados pela trombeta de Deus para uma imortalidade gloriosa." (O Grande Conflito, 550).

7. Qual é o último pensamento do morto?

"O Doador da vida vem para quebrar as cadeias da sepultura. Ele trará para fora os cativos e proclamará: 'Eu sou a ressurreição e a vida'. Eis ali a multidão ressuscitada! O último pensamento foi o da morte e suas agonias. Os últimos pensamentos que eles tiveram foram os da sepultura e da tumba." (III Mensagens Escolhidas, 430).

8. Por onde os ressuscitados começam a pensar?

"Ao serem eles chamados de seu profundo sono, começam a pensar exatamente onde haviam parado. A última sensação foi a agonia da morte, o último pensamento o de que estavam a cair sob o poder da sepultura. Ao se levantarem da tumba, seu primeiro alegre pensamento se expressará na triunfante aclamação: 'Onde está, ó morte, o teu aguilhão? Onde está, ó inferno, a tua vitória?' I Cor. 15:55". (O Grande Conflito, 550).

RECONHECEREMOS UNS AOS OUTROS

9. Quem reconhecerá uns aos outros?

"Ressurgirá a mesma forma, mas estará livre de doenças e de todo defeito. Ela torna a viver, tendo as mesmas feições individuais, de modo que os amigos reconheçam uns aos outros." (VI The Seventh-day Adventist Bible Commentary, 1093).

10. Na ressurreição o que um amigo reconhecerá?

"Revive apresentando as mesmas características pessoais, de modo que um amigo reconheça o outro. Não há nenhuma lei de Deus na Natureza que revele que Deus restitui as mesmas e idênticas partículas de matéria de que se compunha o corpo antes da morte. Deus dará aos justos falecidos um corpo que Lhe apraz." (Maranata! Meditação Matinal, 299).

CONCLUSÃO

11. Com quem os remidos se encontrarão?

"Que regozijo há de haver quando esses remidos se encontrarem com os que se preocuparam em seu favor, e os saudarem! E os que viveram, não para se agradar a si mesmos, mas para ser uma bênção para os desafortunados que tão poucas bênçãos desfrutam - como lhes há de palpitar satisfeito o coração!" (Obreiros Evangélicos, 519).

12. Com quem todo remido entreterá conversa?

"Todo remido compreenderá a atuação dos anjos em sua própria vida. Que maravilha será entreter conversa com o anjo que foi o seu guardador desde os seus primeiros momentos, que lhe vigiou os passos e cobriu a cabeça no dia de perigo, que o protegeu no vale da sombra da morte, que assinalou o seu lugar de repouso, que foi o primeiro a saudá-lo na manhã da ressurreição." (Educação, 305).

64
A Destruição dos Ímpios

INTRODUÇÃO

1. O que irrompe dos lácios dos ímpios?

"Dos lábios que tão recentemente zombavam irrompe o clamor: "É vindo o grande dia da Sua ira; e quem poderá subsistir?" Os ímpios suplicam para que sejam sepultados sob as rochas das montanhas, em vez de ver o rosto dAquele que desprezaram e rejeitaram." (O Grande Conflito, 642).

2. Porque os ímpios estão cheios de pesar?

"Os ímpios estão cheios de pesar, não por causa de sua pecaminosa negligência para com Deus e seus semelhantes, mas porque Deus venceu. Lamentam que o resultado seja o que é; mas não se arrependem de sua impiedade." (O Grande Conflito, 654).

OS JUÍZOS DE DEUS

3. Sobre quem cairão os juízos de Deus?

"Os juízos de Deus cairão sobre os que procuram oprimir e destruir Seu povo. Sua grande longanimidade para com os ímpios torna audazes os homens na transgressão, mas seu castigo, embora muito retardado, não é menos certo e terrível." (O Grande Conflito, 627).

4. Quem sucumbe no derramamento da ira de Deus?

"Na desvairada contenda de suas próprias e violentas paixões, e pelo derramamento terrível da ira de Deus sem mistura, sucumbe os ímpios habitantes da Terra - sacerdotes, governadores e povo, ricos e pobres, elevados e baixos. 'E serão os mortos do Senhor, naquele dia, desde uma extremidade da Terra até à outra extremidade da Terra; não serão pranteados nem recolhidos, nem sepultados' Jeremias 25:33." (O Grande Conflito, 657).

REIVINDICAÇÃO DA LEI

5. Que autoridade Deus reivindicará?

"Agora todos fizeram sua decisão; os ímpios uniram-se completamente a Satanás em sua luta contra Deus. Chegado é o tempo para Deus reivindicar a autoridade de Sua lei que fora desprezada. Agora a controvérsia não é somente com Satanás, mas também com os homens." (O Grande Conflito, 656).

6. A dignidade do que Deus reivindicará?

"Reivindicará com terríveis manifestações a dignidade de Sua lei espezinhada. A severidade da retribuição que aguarda o transgressor pode ser julgada pela relutância do Senhor em executar justiça. A nação que por tanto tempo Ele suporta, e que não ferirá antes de haver ela enchido a medida de sua iniquidade, segundo os cálculos divinos, beberá, por fim, a taça da ira sem mistura de misericórdia.) (O Grande Conflito, 627).

DESTRUIÇÃO DOS ÍMPIOS

7. O que é ato estranho para Deus?

"'O Senhor Se levantará como no monte de Perazim, e Se irará, como no vale de Gibeom, para fazer a Sua obra, a Sua estranha obra, e para executar o Seu ato, o Seu estranho ato' Isaías 28:21. Para o nosso misericordioso Deus, o infligir castigo é ato estranho. 'Vivo Eu, diz o Senhor Jeová, que não tenho prazer na morte do ímpio' Ezequiel 33:11." (O Grande Conflito, 627).

8. Quando os ímpios são eliminados da face da Terra?

"Por ocasião da vinda de Cristo os ímpios são eliminados da face de toda a Terra: consumidos pelo espírito de Sua boca, e destruídos pelo resplendor de Sua glória. Cristo leva o Seu povo para a cidade de Deus, e a Terra é esvaziada de seus moradores." (O Grande Conflito, 657).

9. O que destrói o pecado?

"Para o pecado, onde quer que se encontre, 'nosso Deus é um fogo consumidor'. O Espírito de Deus consumirá pecado em todos quantos se submeterem a seu poder. Se os homens, porém, se apegarem ao pecado, ficarão com ele identificados. Então a glória de Deus, que destrói o pecado, tem que destruí-los." (O Desejado de Todas as Nações, 650).

10. Como parecerá a Terra?

"A Terra inteira se parece com um deserto assolado. As ruínas das cidades e vilas destruídas pelo terremoto, árvores desarraigadas, pedras escabrosas arrojadas pelo mar ou arrancadas da própria Terra, espalham-se pela sua superfície, enquanto vastas cavernas assinalam o lugar em que as montanhas foram separadas da sua base." (O Grande Conflito, 657).

CONCLUSÃO

11. O que incapacitou os ímpios para o Céu?

"Uma vida de rebeldia contra Deus incapacitou-os para o Céu. A pureza, santidade e paz dali lhes seriam uma tortura; a glória de Deus seria um fogo consumidor. Almejariam fugir daquele santo lugar. Receberiam alegremente a destruição, para que pudessem esconder-se da face daquele que morreu para os remir. O destino dos ímpios se fixa por sua própria escolha. Sua exclusão do Céu é espontânea, da sua parte, e justa e misericordiosa da parte de Deus." (O Grande Conflito, 643).

12. Quem será destruído na segunda vinda do Senhor?

"Depois de apresentar as cenas da segunda vinda do Senhor e da destruição dos ímpios, continua a profecia: 'Vi descer do céu um anjo que tinha a chave do abismo, e uma grande cadeia na sua mão. Ele prendeu o dragão, a antiga serpente, que é o diabo e Satanás, e amarrou-o por mil anos' Apocalipse 20:1-2." (O Grande Conflito, 658).

65
Os Mil Anos

INTRODUÇÃO

1. O que é esvaziada de seus moradores?

"Por ocasião da vinda de Cristo os ímpios são eliminados da face de toda a Terra: consumidos pelo espírito de Sua boca, e destruídos pelo resplendor de Sua glória. Cristo leva o Seu povo para a cidade de Deus, e a Terra é esvaziada de seus moradores." (Grande Conflito, 657).

2. Qual era a aparência da Terra?

"A Terra tinha a aparência de um deserto solitário. Cidades e vilas, derrubadas pelo terremoto, jaziam em montões. Montanhas tinham sido removidas de seus lugares, deixando grandes cavernas. Enormes pedras, lançadas pelo mar, ou arrancadas da própria terra, estavam espalhadas por toda a sua superfície. Grandes árvores tinham sido desarraigadas, e se espalhavam pela terra." (História da Redenção, 415).

3. Por quanto tempo Satanás ficará amarrado?

"Depois de apresentar as cenas da segunda vinda do Senhor e da destruição dos ímpios, continua a profecia: 'Vi descer do céu um anjo que tinha a chave do abismo, e uma grande cadeia na sua mão. Ele prendeu o dragão, a antiga serpente, que é o diabo e Satanás, e amarrou-o por mil anos'." (O Grande Conflito, 658).

DURANTE MIL ANOS NA TERRA

4. A Terra será a morada de Satanás e de seus anjos durante quanto tempo?

"Aqui deve ser a morada de Satanás com seus anjos maus, durante mil anos. Aqui estará ele circunscrito, para errar para cá e acolá, sobre a revolvida superfície da Terra, e para ver os efeitos de sua rebelião contra a lei de Deus. Durante mil anos, ele poderá consumir o fruto da maldição, que ele determinou." (História da Redenção, 415).

5. Durante quanto tempo Satanás vagueará de um lugar para outro na Terra desolada?

"Durante mil anos Satanás vagueará de um lugar para outro na Terra desolada, para contemplar os resultados de sua rebelião contra a lei de Deus. Durante este tempo os seus sofrimentos serão intensos. Desde a sua queda, a sua vida de incessante atividade baniu a reflexão; agora, porém, está ele despojado de seu poder e entregue a si mesmo para contemplar a parte que desempenhou desde que a princípio se rebelou contra o governo do Céu, e para aguardar, com temor e tremor, o futuro terrível em que deverá sofrer por todo o mal que praticou, e ser punido pelos pecados que fez com que fossem cometidos." (O Grande Conflito, 660).

DURANTE MIL ANOS NO CÉU

6. O que ocorre durante os mil anos?

"Durante os mil anos entre a primeira e a segunda ressurreições ocorre o julgamento dos ímpios." (O Grande Conflito, 660).

7. O que Jesus e os santos designaram aos ímpios?

"Vi então tronos, e Jesus e os santos remidos sentarem-se sobre eles; e os santos reinaram como reis e sacerdotes para Deus. Cristo, em união com o Seu povo, julgou os ímpios mortos, comparando seus atos com o código - a Palavra de Deus - e decidindo cada caso segundo as obras feitas no corpo. Então designaram aos ímpios a parte que deverão sofrer, segundo suas obras; e isto foi escrito defronte de seus nomes no livro da morte." (História da Redenção, 416).

8. Além dos ímpios que mais foi julgado por Jesus e pelos santos?

"Satanás também foi julgado por Jesus e os santos, juntamente com seus anjos. O castigo de Satanás deveria ser muito maior do que o daqueles a quem ele enganara. Seu sofrimento excederia aos deles a ponto de não haver comparação. Depois que todos aqueles a quem ele enganara houverem perecido, Satanás deverá ainda viver e sofrer muito mais tempo." (História da Redenção, 416).

FIM DOS MIL ANOS

9. Ao fim dos mil anos o que desceu do Céu para a Terra?

"Depois que se concluiu o juízo dos ímpios, no fim dos mil anos, Jesus deixou a cidade; e os santos, bem como um cortejo do exército angélico, O acompanharam. Jesus desceu sobre uma grande montanha, a qual se abriu de alto a baixo, tão logo Seus pés a tocaram, e se tornou uma grande planície. Então, olhamos para cima e vimos a grande e bela cidade, com doze fundamentos e doze portas, três de cada lado e um anjo em cada porta. Exclamamos: 'A cidade! a grande cidade! vem descendo de Deus, do Céu!' E ela desceu em todo o seu esplendor e deslumbrante glória, e fixou-se na grande planície que, para ela, Jesus havia preparado." (História da Redenção, 417).

10. Depois da descida da santa cidade, a quem Jesus chama da sepultura?

"Com majestade terrível e pavorosa, Jesus chama então os ímpios mortos; e eles surgem com o mesmo corpo fraco, doentio, que foram à sepultura. Que espetáculo! Que cena! Na primeira ressurreição, todos saem com imortal frescor, mas na segunda, os indícios da maldição são visíveis em todos. Os reis e os nobres da Terra, os vis e os desprezíveis, os doutos e os ignorantes, surgem ao mesmo tempo." (História da Redenção, 418).

CONCLUSÃO

11. Como os ímpios saem da sepultura?

"Os ímpios saem da sepultura tais quais a ela baixaram, com a mesma inimizade contra Cristo, e com o mesmo espírito de rebelião. Não terão um novo tempo de graça no qual remediar os defeitos da vida passada." (O Grande Conflito, 662).

12. Ao surgir de suas sepulturas o que os ímpios ressuscitados reatam?

"Ao surgir de suas sepulturas, reatam a corrente de seus pensamentos no ponto em que cessara por ocasião da morte. Possuem o mesmo desejo de conquistar que os governava quando tombaram." (História da Redenção, 419).

66
A Última Batalha

INTRODUÇÃO

1. Para que os ímpios mortos ressuscitam?

"Ao fim dos mil anos, Cristo volta novamente à Terra. É acompanhado pelo exército dos remidos, e seguido por um cortejo de anjos. Descendo com grande majestade, ordena aos ímpios mortos que ressuscitem para receber a condenação. Surgem estes como um grande exército, inumerável como a areia do mar. Que contraste com aqueles que ressurgiram na primeira ressurreição! Os justos estavam revestidos de imortal juventude e beleza. Os ímpios trazem os traços da doença e da morte." (O Grande Conflito, 662).

2. O que os ímpios retomam ao subir da sepultura?

"Há reis e generais que venceram nações, homens valentes que nunca perderam batalha, guerreiros orgulhosos, ambiciosos, cuja aproximação fazia tremer os reinos. Na morte não experimentaram mudança alguma. Ao subirem da sepultura, retomam o fio de seus pensamentos exatamente onde ele cessou. São movidos pelo mesmo desejo de vencer, que os governava quando tombaram." (O Grande Conflito, 664).

A REVOLTA

3. Quem se prepara para a última e grande luta pela supremacia?

"Agora Satanás se prepara para a última e grande luta pela supremacia. Enquanto despojado de seu poder e separado de sua obra de engano, o príncipe do mal se achava infeliz e abatido; mas, sendo ressuscitados os ímpios mortos, e vendo ele as vastas multidões a seu lado, revivem-lhe as esperanças, e decide-se a não render-se no grande conflito." (O Grande Conflito, 663).

4. O que Satanás faz para apoiar as suas pretensões?

"Satanás opera maravilhas para apoiar suas pretensões. Faz do fraco forte, e a todos inspira com seu próprio espírito e energia. Propõe-se guiá-los contra o acampamento dos santos e tomar posse da cidade de Deus. Com diabólica exultação aponta para os incontáveis milhões que ressuscitaram dos mortos, e declara que como seu guia é muito capaz de tomar a cidade, reavendo seu trono e reino." (O Grande Conflito, 663).

5. O que Satanás e os ímpios declaram?

"Satanás consulta seus anjos, e depois esses reis, vencedores e guerreiros poderosos. Olham para a força e número ao seu lado, e declaram que o exército dentro da cidade é pequeno em comparação com o seu, podendo ser vencido. Formulam seus planos para tomar posse das riquezas e glória da Nova Jerusalém." (O Grande Conflito, 664).

O PREPARO PARA A BATALHA

6. Para que todos começam a preparar-se?

"Todos imediatamente começam a preparar-se para a batalha. Hábeis artífices constroem petrechos de guerra. Chefes militares, famosos por seus êxitos, arregimentam em companhias e secções as multidões de homens aguerridos." (O Grande Conflito, 664).

7. Que ordem é dada?

"Finalmente é dada a ordem de avançar, e o inumerável exército se põe em movimento - exército tal como nunca foi constituído por conquistadores terrestres, tal como jamais poderiam igualar as forças combinadas de todas as eras, desde que a guerra existe sobre a Terra." (O Grande Conflito, 664).

8. Quem está à frente do inumerável exército?

"Então, com Satanás à sua frente, a multidão se põe em movimento. Reis e guerreiros seguem imediatamente após Satanás e as multidões vêm a seguir, em companhias. Cada companhia tem o seu dirigente, e é observada a ordem enquanto, sobre a superfície partida da Terra, marcham em direção à santa cidade." (História da Redenção, 420).

9. O que os exércitos de Satanás rodeiam?

"Por ordem de Jesus são fechadas as portas da Nova Jerusalém, e os exércitos de Satanás rodeiam a cidade, preparando-se para o assalto." (O Grande Conflito, 664).

CONCLUSÃO

10. Quem aparece à vista dos ímpios que rodeiam a cidade?

"Agora Cristo aparece novamente à vista de Seus inimigos. Muito acima da cidade, sobre um fundamento de ouro polido, está um trono, alto e sublime. Sobre esse trono assenta-Se o Filho de Deus, e em redor dele estão os súditos de Seu reino. O poder e majestade de Cristo, nenhuma língua os pode descrever, nem pena alguma retratar." (História da Redenção, 421).

11. O que é efetuada?

"Na presença dos habitantes da Terra e do Céu, reunidos, é efetuada a coroação final do Filho de Deus. E agora, investido de majestade e poder supremos, o Rei dos reis pronuncia a sentença sobre os rebeldes contra Seu governo, e executa justiça sobre aqueles que transgrediram Sua lei e oprimiram Seu povo." (História da Redenção, 422).

12. O que os ímpios que rodeiam a cidade contemplam?

"Como que extasiados, os ímpios contemplam a coroação do Filho de Deus. Veem em Suas mãos as tábuas da lei divina, os estatutos que desprezaram e transgrediram. Testemunham o irromper de admiração, transportes e adoração por parte dos salvos, e, ao propagar-se a onda de melodia sobre as multidões fora da cidade." (História da Redenção, 426).

67
Juízo Executivo

INTRODUÇÃO

1. Quando ocorrerá a segunda ressurreição?

"Ao fim dos mil anos ocorrerá a segunda ressurreição. Então os ímpios ressuscitarão dos mortos, comparecendo perante Deus para a execução do 'juízo escrito'." (O Grande Conflito, 661).

2. Quem se acha em julgamento perante o tribunal de Deus?

"O mundo ímpio todo acha-se em julgamento perante o tribunal de Deus, acusado de alta traição contra o governo do Céu. Ninguém há para pleitear sua causa; estão sem desculpa; e a sentença de morte eterna é pronunciada contra eles." (O Grande Conflito, 668).

3. Do que os ímpios se tornam cônscios?

"Logo que se abrem os livros de registro e o olhar de Jesus incide sobre os ímpios, eles se tornam cônscios de todo pecado cometido. Veem exatamente onde seus pés se desviaram do caminho da pureza e santidade, precisamente até onde o orgulho e rebelião os levaram na violação da lei de Deus." (O Grande Conflito, 666).

OS ÍMPIOS PRESENTES

4. Quem estava presente?

"Ali estão sacerdotes e prelados romanistas, que pretendiam ser embaixadores de Cristo e, no entanto, empregaram a tortura, a masmorra, a fogueira para dominar a consciência de Seu povo. Ali estão os orgulhosos pontífices que se exaltaram acima de Deus e pretenderam mudar a lei do Altíssimo. Aqueles pretensos pais da igreja têm uma conta a prestar a Deus, da qual muito desejariam livrar-se." (O Grande Conflito, 668).

5. O que são agora esclarecidas?

"Todas as questões sobre a verdade e o erro no prolongado conflito são agora esclarecidas. A justiça de Deus acha-se plenamente justificada. Perante o Universo foi apresentado claramente o grande sacrifício feito pelo Pai e o Filho em prol do homem. É chegada a hora em que Cristo ocupa a Sua devida posição, sendo glorificado acima dos principados e potestades, e sobre todo o nome que se nomeia." (História da Redenção, 427).

ATITUDE DE SATANÁS

6. Quem parece paralisado ao contemplar a glória e majestade de Cristo?

"Satanás parece paralisado ao contemplar a glória e majestade de Cristo. Aquele que fora um querubim cobridor lembra-se donde caiu. Ele, serafim resplandecente, 'filho da alva' - quão mudado, quão degradado!" (História da Redenção, 427).

7. O que explode de novo no espírito de Satanás?

"Apesar de ter sido Satanás constrangido a reconhecer a justiça de Deus e a curvar-se à supremacia de Cristo, seu caráter permanece sem mudança. O espírito de rebelião, qual poderosa torrente, explode de novo. Cheio de frenesi decide-se a não capitular no grande conflito. Chegado é o tempo para uma última e desesperada luta conta o Rei do Céu." (O Grande Conflito, 671).

8. Quem foi completamente desmascarado?

"Em seu último e grande esforço para destronar a Cristo, destruir Seu povo e tomar posse da cidade de Deus, o arquienganador foi completamente desmascarado. Os que a ele se uniram, veem o fracasso completo de sua causa." (O Grande Conflito, 670).

9. Contra quem a ira dos ímpios se acende?

"Mas dentre todos os incontáveis milhões que seduziu à rebelião, ninguém há agora que lhe reconheça a supremacia. Seu poder chegou ao fim. Os ímpios estão cheios do mesmo ódio a Deus, o qual inspira Satanás; mas veem que seu caso é sem esperança, que não podem prevalecer contra Jeová. Sua ira se acende contra Satanás e os que foram seus agentes no engano. Com furor de demônios voltam-se contra eles e segue-se aí uma cena de conflito universal." (História da Redenção, 428).

CONCLUSÃO

10. O que descer do céu?

"De Deus desce fogo do céu. A terra se fende. São retiradas as armas escondidas em suas profundezas. Chamas devoradoras irrompem de cada abismo hiante. As próprias rochas estão ardendo. Vindo é o dia que arderá como um forno. Os elementos fundem-se pelo vivo calor, e também a Terra e as obras que nela há são queimadas. A superfície da Terra parece uma massa fundida - um vasto e fervente lago de fogo. É o tempo do juízo e perdição dos homens maus." (O Grande Conflito, 672).

11. Como alguns são destruídos?

"Alguns são destruídos em um momento, enquanto outros sofrem muitos dias. Todos são punidos segundo as suas ações. Tendo sido os pecados dos justos transferidos para Satanás, tem ele de sofrer não somente pela sua própria rebelião, mas por todos os pecados que fez o povo de Deus cometer. Seu castigo deve ser muito maior do que o daqueles a quem enganou." (O Grande Conflito, 673).

12. O que está para sempre terminada?

"Está para sempre terminada a obra de ruína de Satanás. Durante seis mil anos efetuou a sua vontade, enchendo a Terra de miséria e causando pesar por todo o Universo. A criação inteira tem igualmente gemido e estado em dores de parto. Agora as criaturas de Deus estão para sempre livres de sua presença e tentações." (O Grande Conflito, 673).

68
A Restauração

INTRODUÇÃO

1. Sobre quem a segunda morte não tem poder?

“Enquanto a Terra está envolta nos fogos da destruição, os justos habitam em segurança na Santa Cidade. Sobre os que tiveram parte na primeira ressurreição, a segunda morte não tem poder. Ao mesmo tempo em que Deus é para os ímpios um fogo consumidor, é para o Seu povo tanto Sol como Escudo.” (O Grande Conflito, 673).

2. O que purifica o fogo que consome os ímpios?

“O fogo que consome os ímpios purifica a Terra. Todo vestígio de maldição é removido. Nenhum inferno a arder eternamente conservará perante os resgatados as terríveis consequências do pecado.” (O Grande Conflito, 673).

3. O que está purificado do pecado?

“Pecado e pecadores não mais existem. O Universo inteiro está purificado, e o grande conflito terminou.” (História da Redenção, 433).

FELICIDADE SEM FIM

4. O que é a metrópole da nova Terra?

“Ali está a Nova Jerusalém, a metrópole da nova Terra glorificada, como ‘uma coroa de glória na mão do Senhor e um diadema real na mão de teu Deus' Isaías 62:3." (O Grande Conflito, 676).

5. O que não haverá mais na nova Terra?

"Ali não mais haverá lágrimas, cortejos fúnebres, manifestações de pesar. 'Não haverá mais morte, nem pranto, nem clamor, porque já as primeiras coisas são passadas' Apocalipse 21:4." (o Grande Conflito, 676).

6. O que concorre para constituir a felicidade dos remidos?

"O amor e simpatias que o próprio Deus plantou na alma, encontrarão ali o mais verdadeiro e suave exercício. A comunhão pura com os seres santos, a vida social harmoniosa com os bem-aventurados anjos e com os fiéis de todos os tempos, que lavaram suas vestes e as branquearam no sangue do Cordeiro, os sagrados laços que reúnem 'toda a família nos Céus e na Terra' Efésios 3:15 - tudo isto concorre para constituir a felicidade dos remidos." (O Grande Conflito, 677).

FACULDADES SEM FIM

7. O que as mentes imortais contemplarão com deleite?

"Ali, mentes imortais contemplarão, com deleite que jamais se fatigará, as maravilhas do poder criador, os mistérios do amor que redime. Ali não haverá nenhum adversário cruel, enganador, para nos tentar ao esquecimento de Deus." (O Grande Conflito, 677).

8. O que não cansará o espírito nem esgotará as energias?

"Todas as faculdades se desenvolverão, ampliar-se-ão todas as capacidades. A aquisição de conhecimentos não cansará o espírito nem esgotará as energias. Ali os mais grandiosos empreendimentos poderão ser levados avante, alcançadas as mais elevadas aspirações, as mais altas ambições realizadas; e surgirão ainda novas alturas a atingir, novas maravilhas a admirar, novas verdades a compreender, novos objetivos a aguçar as faculdades do espírito, da alma e do corpo." (O Grande Conflito, 677).

9. O que trarão o transcorrer dos anos da eternidade?

"E ao transcorrerem os anos da eternidade, trarão mais e mais abundantes e gloriosas revelações de Deus e de Cristo. Assim como o conhecimento é progressivo, também o amor, a reverência e a felicidade aumentarão. Quanto mais aprendem os homens acerca de Deus, mais Lhe admiram o caráter." (O Grande Conflito, 678).

10. O que fremirá com mais fervorosa devoção?

"Ao revelar-lhes Jesus as riquezas da redenção e os estupendos feitos do grande conflito com Satanás, a alma dos resgatados fremirá com mais fervorosa devoção, e com mais arrebatadora alegria dedilharão as harpas de ouro; e milhares de milhares, e milhões de milhões de vozes se unem para avolumar o potente coro de louvor." (O Grande Conflito, 678).

CONCLUSÃO

11. O que não é adequada para descrever a recompensa dos justos?

"A linguagem humana não é adequada para descrever a recompensa dos justos. Será conhecida apenas dos que a contemplarem. Nenhum espírito finito pode compreender a glória do Paraíso de Deus." (História da Redenção, 431).

12. O que todas as coisas declaram?

"Uma única palpitação de harmonioso júbilo vibra por toda a vasta criação. Daquele que tudo criou emanam vida, luz e alegria por todos os domínios do espaço infinito. Desde o minúsculo átomo até ao maior dos mundos, todas as coisas, animadas e inanimadas, em sua serena beleza e perfeito gozo, declaram que Deus é amor." (O Grande Conflito, 678).

69
A Eternidade

INTRODUÇÃO

1. O que Jesus colocou sobre a cabeça dos santos?

"Vi então um inumerável exército de anjos trazerem da cidade gloriosa coroas com nomes escritos, uma para cada santo. Pedindo Jesus as coroas aos anjos, apresentaram-nas a Ele, e com Sua própria destra o adorável Jesus as colocou sobre a cabeça dos santos." (Primeiros Escritos, 288).

2. Para onde Jesus conduziu a multidão dos remidos?

"Vi então Jesus conduzir a multidão dos remidos à porta da cidade. Lançou mão da porta e girou-a sobre os seus resplandecentes gonzos, e mandou entrarem as nações que haviam observado a verdade." (Primeiros Escritos, 288).

ETERNA ALEGRIA E FELICIDADE

3. O que todos buscam no Céu?

"No Céu tudo é nobre e elevado. Todos buscam o bem e a felicidade dos outros. Ninguém se importa e preocupa consigo mesmo. A principal alegria de todos os seres santos é ver a alegria e a felicidade dos que se encontram ao seu redor." (II Testimonies, 239).

4. O que não há no Céu?

"O Céu é um lar em que a simpatia está viva em todo coração, e é expressa em cada olhar. Ali reina o amor. Não há elementos dissonantes, nenhuma discórdia, contenda ou guerra de palavras." (IX Manuscript Releases, 104).

5. O que não perturbam a suava e perfeita paz do Céu?

"Vozes contenciosas não perturbam a suave e perfeita paz do Céu. Seus habitantes não conhecem tristezas, desgostos e lágrimas. Tudo está em perfeita harmonia, em perfeita ordem e perfeita felicidade." (Eventos Finais, 296).

NOSSAS LEMBRANÇAS NO CÉU

6. Com quem encontraremos?

"Encontrar-nos com nossos entes queridos e reconhecer-lhes a fisionomia, pois a semelhança com Cristo não destrói sua imagem, mas a transforma à gloriosa imagem dEle. Todos os santos ligados aqui por laços familiares conhecerão ali uns aos outros." (III Mensagens Escolhidas, 316).

7. Que conhecimento os salvos sempre terão?

"Posto que os pesares, dores e tentações da Terra estejam terminados, e removidas suas causas, sempre terá o povo de Deus um conhecimento distinto, inteligente, do que custou a sua salvação." (Eventos Finais, 302).

8. O que nosso Redentor sempre levará?

"Nosso Redentor sempre levará os sinais de Sua crucifixão. Em Sua fronte ferida, em Seu lado, em Suas mãos e pés, estão os únicos vestígios da obra cruel que o pecado efetuou." (O Grande Conflito, 651).

CONHECEREMOS NOSSO ANJO DA GUARDA

9. O que todo remido compreenderá?

"Todo remido compreenderá o serviço dos anjos em sua própria vida. Que maravilha será entreter conversa com o anjo que o guardou desde os seus primeiros momentos, que lhe vigiou os passos e cobriu a cabeça no dia de perigo, que com ele esteve no vale da sombra da morte, que assinalou o seu lugar de repouso, que foi o primeiro a saudá-lo na manhã da ressurreição." (Educação, 305).

10. O que haverá no Céu?

"Haverá ali música e cânticos; música e cânticos que ouvidos mortais jamais ouviram nem o espírito humano concebeu, com exceção do que em visões de Deus se tem revelado." (Educação, 307).

CONCLUSÃO

11. O que serão explicadas no Céu?

"Todas as perplexidades da vida serão então explicadas. Onde para nós apareciam apenas confusão e decepção, propósitos frustrados e planos subvertidos, ver-se-á um propósito grandioso, predominante, vitorioso, uma harmonia divina" (Educação, 305).

12. O que estarão abertos ao estudo dos filhos de Deus?

"Todos os tesouros do Universo estarão abertos ao estudo dos filhos de Deus. Com indizível deleite unir-nos-emos na alegria e sabedoria dos seres não caídos. Participaremos dos tesouros adquiridos através dos séculos empregados na contemplação da obra de Deus. E enquanto os anos da eternidade se escoam, continuarão a trazer-nos mais gloriosas revelações." (Educação, 307).

Relação de Endereços

CONHEÇA MAIS SOBRE A BÍBLIA SAGRADA NOS SEGUINTES ENDEREÇOS EM MOGI DAS CRUZES:

Biritiba Mirim: Av. Maria José Siqueira Melo, 280 – Centro.
Botujuru: R. Frei Bonifácio Hanrik, 240, Vl. São Paulo.
Brás Cubas: Rua Odilon Afonso, 80, Brás Cubas.
Casqueiro: Estrada Servidão, 50 – Biritiba Mirim.
César de Souza: R. João Mariano de Paula, 233 C. de Souza.
Jd. São Pedro: Avenida João XXIII, 3500 – Cesar de Souza.
Cocuéra: Faz. Hollancountry, Cocuéra – Biritiba Mirim.
Jd. dos Eucaliptos: R. José Servulo da Costa, 777 – B. Mirim
Jd. Margarida: R. Fátima, 115 – Jd. Margarida.
Jd. Santa Cecília: R. Massao Kakiute, 159.
Jundiapeba: R. Benedicto de S. Branco, 80 – Vl. St° Antonio
Mogi das Cruzes: R. Cel. Santos Cardoso, 434, Jd. Santista.
Pq. Morumbi: R. Profª Rita de Cássia M. Menezes, 270.
Pomar do Carmo: R. das Acácias, 60 – Biritiba Mirim.
Sabaúna: R. João Gomes de Farias, 21 - Sabaúna.
Socorro: R. Aristóphanes Cataldo Éboli, 305 – Socorro.
Vila Cléo: R. Pref. José de Melo Franco, 906 – Vl. Cléo.
Vila Natal: R. Desidério Jorge, 402 – Vila Natal.
Vila Nova Jundiapeba: Av. Alfredo Crestana, 590.

www.ingramcontent.com/pod-product-compliance
Lightning Source LLC
Chambersburg PA
CBHW072039280526
45788CB00006B/2113